可能性を広げる
道しるべ

10代のための
資格・検定

The qualification guide for teenagers

オーイズミ

はじめに

今、資格・検定を取ることがあなたの未来を切り開いていく

読者のみなさんの中には資格・検定というと、「難しい」「大変そう」という
イメージを持っている人も多いかもしれません。
確かに難しい資格・検定もあります。でも、それだけではありません。
10代のみなさんが知っている知識で十分に合格をめざせる資格・検定もありますし、
楽しみながら勉強できる資格・検定も数多くあります。
また、10代のうちにあえて難しい資格・検定にチャレンジするのも
自分を高めることに有効です。
大人顔負けのスキルや能力を身につければ、
それはきっとあなたの自信になるはずですから。
資格・検定は合格したらそれで終わりではありません。
その合格はあなたのスキルアップの第一歩であり、
社会人として活躍する未来にも通じる道がその先には続いています。
少しでも資格・検定に興味が湧《わ》いてきたら、さっそくこの本のページをめくってください。
きっと、あなたに合った資格・検定が見つかることでしょう。

この本の使い方

本書では、10代でも取得可能な資格・検定を取り上げ、左の8章のジャンルに分けて紹介しています。自分に合う資格・検定を探してみましょう。

資格・検定取得後、自分の身につくスキルや資格・検定の活かし方について解説しています。

試験の傾向や対策について解説しています。

資格・検定名を表しています。

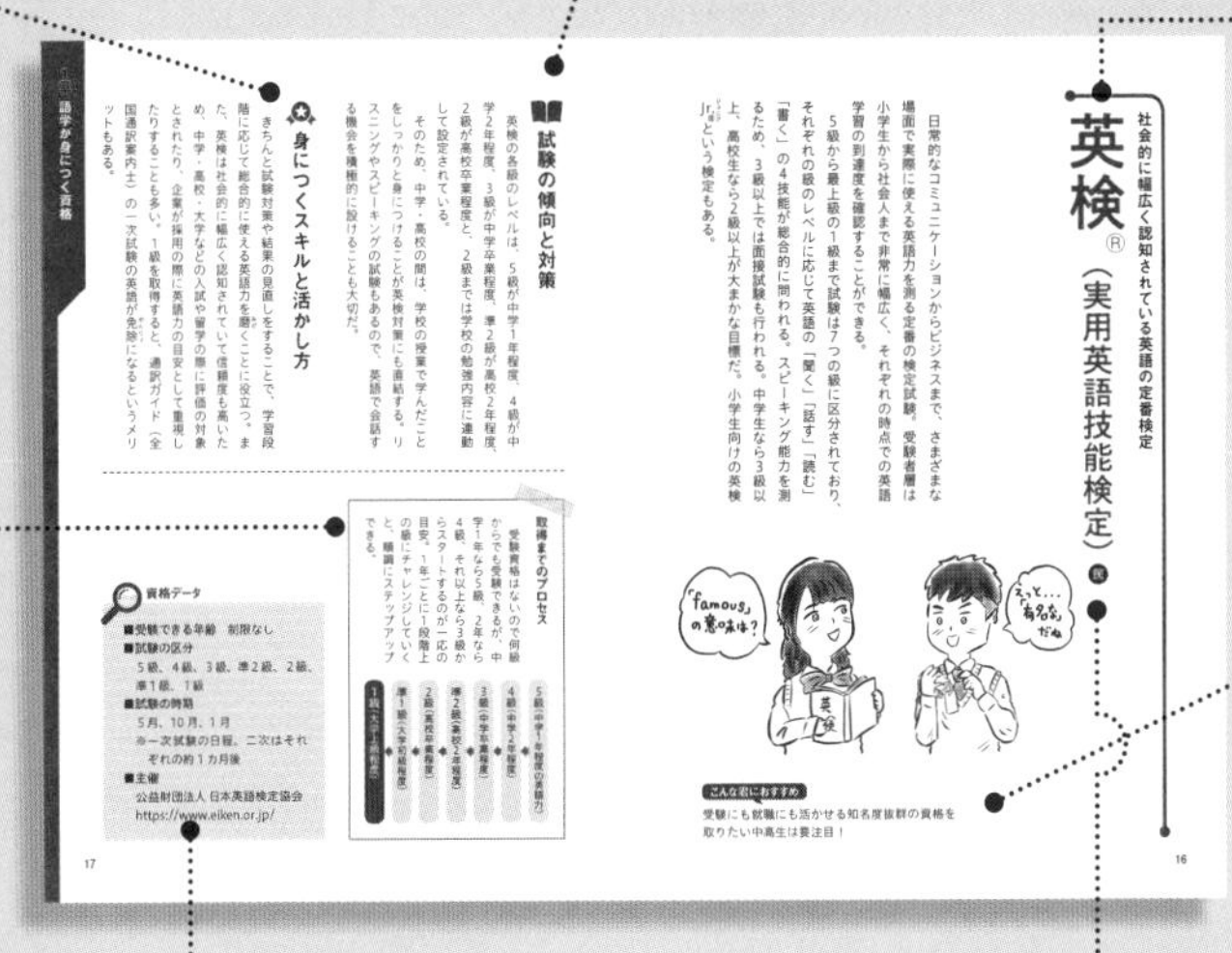

級や段など、初級から上位資格までの取得方法の過程例を紹介しています。

どのような人におすすめなのかを示しています。

その資格の試験要項《ようこう》の一部を紹介しています。

■受験（受講）できる年齢
受験資格など、制限の有無について紹介しています。

■試験（認定）の区分
その資格の級や段などを紹介しています。

■試験（講習）の時期
何月に行われているかがわかります。

■主催
試験や講習会等を主催している団体・企業とホームページを掲載しています。

資格の種別を見ることができます。

国…国家資格
法律に基づき、国が試験や講習会を主催・実施していて与える資格です。

公…公的資格
各省庁で試験や講習会を認定し、商工会議所などの公益法人が主催・実施して与える資格です。

民…民間資格
民間の企業や団体が独自に試験や講習会を実施して与える資格です。

※本書掲載の資格について、その内容およびデータ等は今後変わる可能性があります。
最新の情報は、主催者のホームページ等にてご確認ください。

10代のための資格図鑑　もくじ

4章 創造して形にする資格

5章 競技に関わる資格

6章 知識が深められる資格

8章 興味が広がるおもしろ資格

資格Q《キュー》&《アンド》A《エー》

資格について、みなさんが素朴《そぼく》に思っていることや疑問に感じていることにお答えします。

Q 資格を取る意味って？

資格取得の意味はいくつもある。特定の仕事をするためにどうしても必要という場合もあるし、履歴《りれき》書《しょ》などで自分の能力がどの程度なのかを客観的《きゃっかんてき》に表すために必要になる場合もある。このほか、仕事・趣味を問わず専門的な知識・スキルを高めていくために資格・検定を目標に学ぶという人もいるし、学校の勉強の補助として資格・検定を活用することもできる。

まずは、自分がどんな目的で資格・検定をめざすのかをじっくり考えよう。そして目的に合った資格・検定を選ぼう。そこをおろそかにしてしまうと、せっかく苦労して資格・検定に合格したのに、自分にとってはあまり意味がなかった…なんて結果にもなりかねない。

Q 国家資格と民間資格って？

資格・検定には、大きく分けると法律に基づいて国が認定する「国家資格」と、民間の団体や企業が実施・認定する「民間資格」とがある。このほか、国が認定した審査基準に基づいて日本商工会議所などの公益性の高い団体が主催する資格・検定は「公的資格」といわれる。

国家資格は、医師や弁護士などその資格を持っていないとできない仕事があったり、資格を持っていない人が勝手にその名称を名乗ることができなかったりといった制限がかかるものもある。国が実施しているだけに知名度が高い資格も多い。しかし、国家資格より知名度が高く、幅広く普及している公的資格、民間資格もあるので、一概《いちがい》に国家資格が上だと決めつけないように注意。

何級から受ければいいの？

いくつも級がある検定の場合、最初にどの級を受験すればいいかわからないという人も多いはず。検定によってはホームページで「中学卒業レベル」「高校2年レベル」など、級ごとの学年の目安を示していることもあるので要チェック。また、級ごとの練習問題を実際に解いてみてレベルを実感するという方法もある。それでもよくわからないというときは一番下から受けるのが無難《ぶなん》。

年齢制限がある資格も多い？

資格・検定によっては、「20歳以上」「大卒以上」「実務経験3年以上」というふうに年齢や学歴、実務経験などによる受験資格が設けられていることもある。一方で、明らかに社会人向けの資格・検定でも、受験資格が一切設けられていないことも多いので、気になる資格・検定が見つかったらまずはチェック。なお、この本は10代が受験できる資格・検定だけを取り上げている。

パソコンやスマホで受けられる試験もある？

資格・検定の試験といえば、指定された試験会場で受験するというのが一般的なイメージだが、最近はパソコンやスマホからオンラインで受験できる資格・検定も増えている。申し込みから受験、合格発表まですべてオンライン上で済んでしまうので便利。指定された日時に行われるオンライン試験もあるが、自宅でいつでも受験可能な資格・検定も増えている。

大学受験で評価される資格って？

大学・短大のAO《エーオー》・推薦入試では、特定の資格・検定を加算の対象としていたり、評価の参考としていたり、出願資格としていたりすることも。代表的なのは、英検®、TOEIC《トーイック》®、TOEFL《トーフル》®などの語学検定や各種簿記検定、日本漢字能力検定（漢検）、数学検定など。どの級・スコアから評価の対象になるのかをチェックして、入試に間に合うよう、早めに勉強をスタートしよう。

性格タイプ別

向いている資格診断チャート

資格・検定は種類が多すぎて、どれをめざせばいいのか自分ではよくわからないという君。この診断チャートで、自分にどんな資格・検定が向いているのかチェックしてみよう。

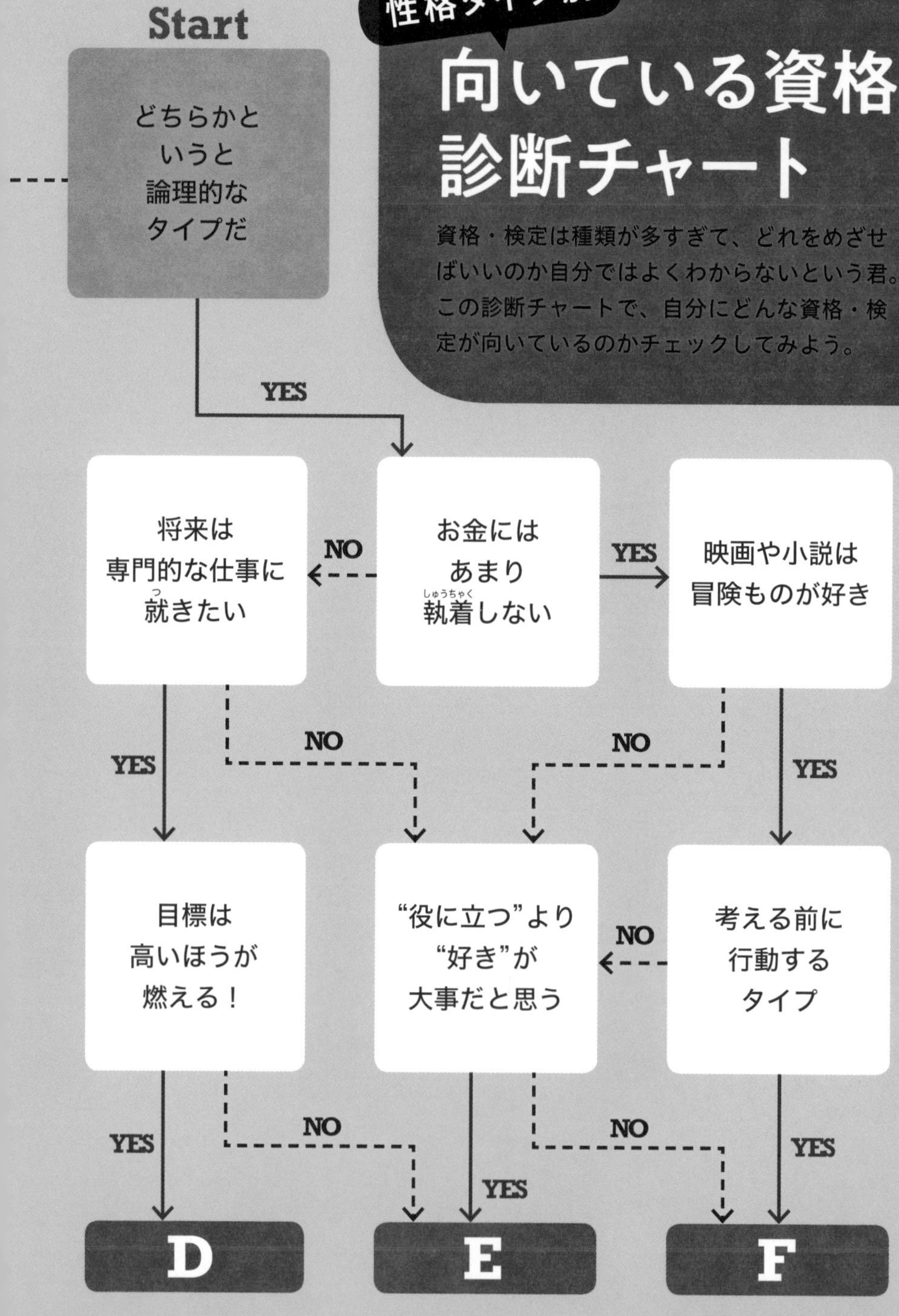
Start
どちらかというと論理的なタイプだ
YES
お金にはあまり執着《しゅうちゃく》しない
NO
YES
将来は専門的な仕事に就《つ》きたい
映画や小説は冒険ものが好き
YES
NO
NO
YES
目標は高いほうが燃える！
“役に立つ”より“好き”が大事だと思う
NO
考える前に行動するタイプ
YES
NO
YES
NO
YES
D
E
F

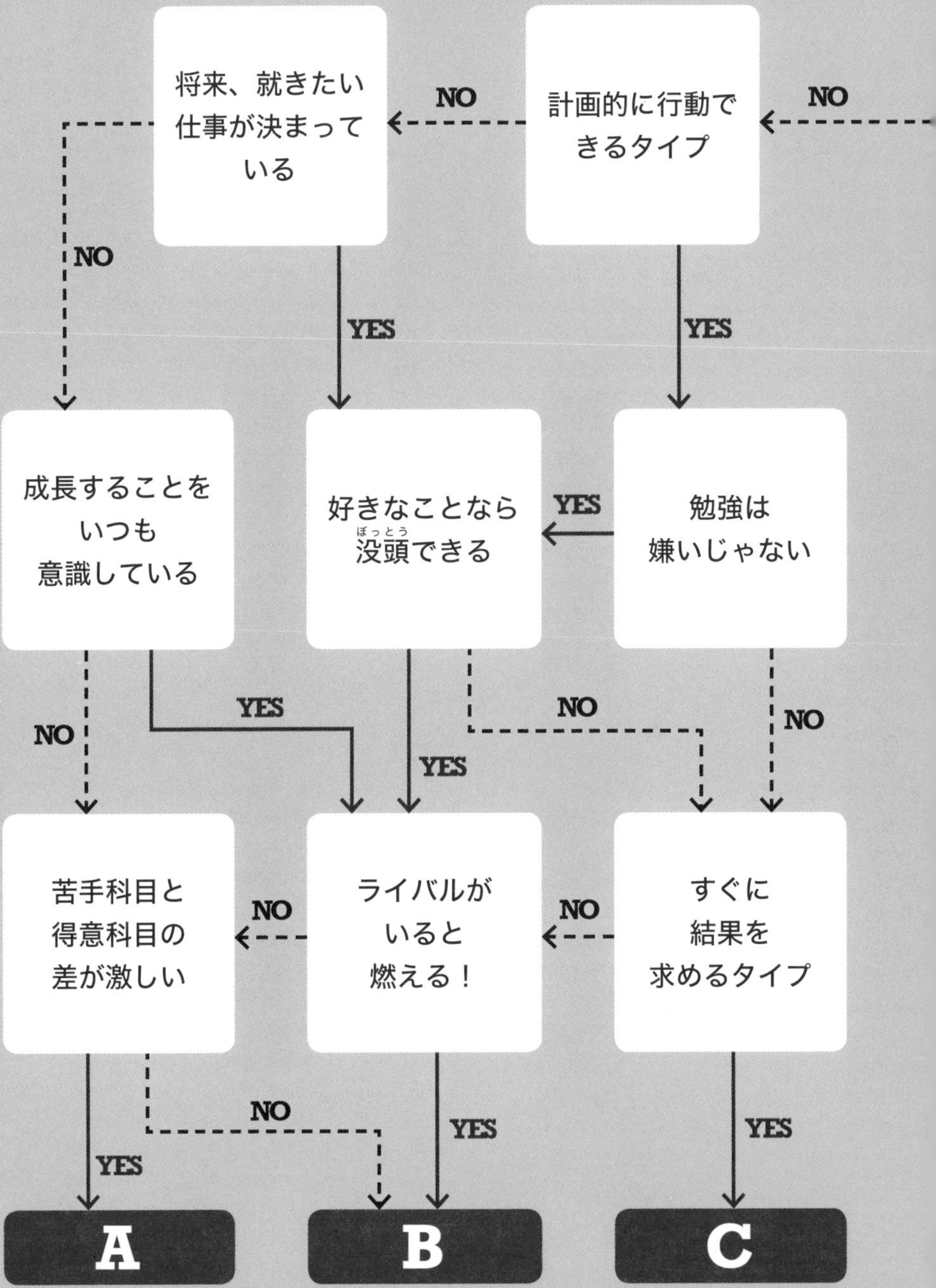
NO
計画的に行動できるタイプ
NO
将来、就きたい仕事が決まっている
YES
NO
YES
勉強は嫌いじゃない
YES
好きなことなら没頭《ぼっとう》できる
成長することをいつも意識している
YES
NO
NO
YES
NO
すぐに結果を求めるタイプ
NO
ライバルがいると燃える！
NO
苦手科目と得意科目の差が激しい
YES
YES
NO
YES
A
B
C

診断結果

A 資格で弱点克服タイプ

このタイプの君は学校の苦手科目の克服が今いちばんの課題。あえて苦手な分野の比較的取り組みやすい資格・検定にチャレンジしてみよう。下の級は勉強すれば誰でも合格できるレベルに設定されていることが多く、合格すれば自信になる。

B 基礎からこつこつレベルアップタイプ

このタイプの君は目標に向かって一歩一歩ステップアップしていくのに向いている。興味がある分野の級やスコアが設けられている検定を選んで、下の級からこつこつとレベルアップを測ろう。目標は１級、２級などの上位級だ。

C しっかり役立つ資格をゲット! タイプ

このタイプの君は、取ったからには実際に役に立つ資格をめざすのが向いている。そうなると、まずは大事なのが下調べ。受験、就職など、どんな場面でどう役立てたいのかを考え、入念に調べて、目的に合った資格を選ぼう。

D 難関資格チャレンジタイプ

このタイプの君は、将来は専門的な仕事でバリバリ稼《かせ》ぎたいという気持ちが強い。同世代の友達があまりめざさないような難関資格にチャレンジしてみてはどうだろう？　数年後の合格をめざして、今から勉強を始めてみよう。

E 資格で趣味を深掘りタイプ

このタイプの君は、好きなことならとことん勉強できる性格。数ある資格・検定の中から「好き！」と思えるものを選んで、じっくり勉強してみよう。上位の級や難関資格に合格すれば、その分野では大人も顔負けの知識・スキルが身につく。

F 資格で“未知の世界を知る”タイプ

このタイプの君は、好奇心が旺盛《おうせい》で行動的。知らない世界を知りたいという気持ちも強いはず。それなら、「中身はよく知らないけどなんだかおもしろそう」と思える分野の資格・検定にチャレンジして、新たな世界を開拓してみては？

1章

語学が身につく資格

社会的に幅広く認知されている英語の定番検定

英検®（実用英語技能検定）

民

日常的なコミュニケーションからビジネスまで、さまざまな場面で実際に使える英語力を測る定番の検定試験。受験者層は小学生から社会人まで非常に幅広く、それぞれの時点での英語学習の到達度を確認することができる。

5級から最上級の1級まで試験は7つの級に区分されており、それぞれの級のレベルに応じて英語の「聞く」「話す」「読む」「書く」の4技能が総合的に問われる。スピーキング能力を測るため、3級以上では面接試験も行われる。中学生なら3級以上、高校生なら2級以上が大まかな目標だ。小学生向けの英検Jr.《ジュニア》®という検定もある。

こんな君におすすめ

受験にも就職にも活かせる知名度抜群の資格を取りたい中高生は要注目！

試験の傾向と対策

英検の各級のレベルは、5級が中学1年程度、4級が中学2年程度、3級が中学卒業程度、準2級が高校2年程度、2級が高校卒業程度と、2級までは学校の勉強内容に連動して設定されている。

そのため、中学・高校の間は、学校の授業で学んだことをしっかりと身につけることが英検対策にも直結する。リスニングやスピーキングの試験もあるので、英語で会話する機会を積極的に設けることも大切だ。

身につくスキルと活かし方

きちんと試験対策や結果の見直しをすることで、学習段階に応じて総合的に使える英語力を磨《みが》くことに役立つ。また、英検は社会的に幅広く認知されていて信頼度も高いため、中学・高校・大学などの入試や留学の際に評価の対象とされたり、企業が採用の際に英語力の目安として重視したりすることも多い。1級を取得すると、通訳ガイド（全国通訳案内士）の一次試験の英語が免除《めんじょ》になるというメリットもある。

取得までのプロセス

受験資格はないので何級からでも受験できるが、中学1年なら5級、2年なら4級、それ以上なら3級からスタートするのが一応の目安。1年ごとに1段階上の級にチャレンジしていくと、順調にステップアップできる。

5級（中学1年程度の英語力）→4級（中学2年程度）→3級（中学卒業程度）→準2級（高校2年程度）→2級（高校卒業程度）→準1級（大学初級程度）→1級（大学上級程度）

資格データ

■受験できる年齢　制限なし
■試験の区分
5級、4級、3級、準2級、2級、準1級、1級
■試験の時期
5月、10月、1月
※一次試験の日程。二次はそれぞれの約1カ月後
■主催
公益財団法人 日本英語検定協会
https://www.eiken.or.jp/

英検Jr.《ジュニア》® 民

ゲーム感覚《かんかく》で受験できるリスニングテスト

英検®（実用英語技能検定）の主催団体である日本英語検定協会が児童向けに実施している英語検定。「コミュニケーションを図る態度《たいど》の育成」「音声や基本的な表現に慣れ親しませる」といった小学校の外国語活動の内容に対応しており、子どもがゲーム感覚で楽しみながら受験できるリスニングテストだ。試験は、下から「BRONZE《ブロンズ》」「SILVER《シルバー》」「GOLD《ゴールド》」の3つのグレードが設けられていて、結果は合否ではなく、正答率で評価される。個人受験はオンライン版のみで、3カ月以内なら何度でも受験可能。

こんな君におすすめ

リスニングへの苦手意識を克服したい中学生にもおすすめ！

資格データ

- ■受験できる年齢　制限なし
- ■試験の区分　BRONZE、SILVER、GOLD
- ■試験の時期　オンライン版は随時
- ■主催　公益財団法人 日本英語検定協会
  https://www.eiken.or.jp/eiken-junior/

JET《ジェット》（ジュニア イングリッシュテスト） 民

世界標準の小中学生向け英語テスト

英語学習の初期段階にある小中学生を対象に、リスニングとリーディングの基礎能力を測定するテスト。学校生活、キャンプ、誕生日パーティーなど小中学生に身近なシチュエーションから出題されるので、楽しみながら気軽に受験できる。

試験は「Starter《スターター》（9・10級）」から「Advanced《アドバンスド》（1・2級）」までの5段階があり、スコアに応じて各級の合否を判定する。アメリカの団体が開発した世界標準のテストで、先々TOEIC《トーイック》Bridge《ブリッジ》®テストやTOEIC®テストを受験するための準備としても最適だ。

こんな君におすすめ

コミュニケーション英語力の基礎を磨《みが》きたい小中学生におすすめ！

資格データ

- ■受験できる年齢　制限なし
- ■試験の区分　試験は5区分（級は10段階）
- ■試験の時期　6月、9月、11月、2月
- ■主催　ジュニア・イングリッシュ・テスト委員会
  https://www.jet-japan.ne.jp/

国際的な時事問題から幅広く出題される

国連英検 民

国連が掲げる「国際協力」「国際理解」の理念に基づいて、国際人としてのコミュニケーション能力を測る外務省後援の検定試験。

「国連英検」の名称通り、試験問題には、世界平和、地球環境、世界政治、世界経済、人権、食品、医療といった国際的な時事問題に関するトピックが幅広く取り上げられるのが特色。そのため、英字新聞を読んでおくことが効果的な試験対策になる。試験はやさしい順から、E《イー》級、D《ディー》級、C《シー》級、B《ビー》級、A《エー》級、特A級の6区分。国際協力機構（JICA《ジャイカ》）などで語学力の評価基準として採用されている。

こんな君におすすめ

国際公務員などグローバルに活躍する仕事をめざすなら、ぜひ！

資格データ

■受験できる年齢　制限なし
■試験の区分　E 級～特 A 級
■試験の時期　1 次試験は 5 月、10 月
■主催　公益財団法人 日本国際連合協会
http://www.kokureneiken.jp/

外国人を英語でおもてなしできる力がつく

観光英語検定 民

外国人観光客に対応する旅行、観光、ホテル、飲食業などの職種に必要とされる英語のコミュニケーション能力を測る検定試験。試験問題は空港、交通、ホテル、観光、ショッピングなどのシーンを想定して出題。旅行・観光関連の専門用語が数多く取り上げられるほか、国内外の文化・地理・歴史などの知識、海外と日本のマナーや習慣の違いについても問われる。

やさしい順に3級、2級、1級の3区分の試験があり、3級は高校2年程度の学習内容を前提としている。海外旅行の際にも役に立つ英語力が身につく検定だ。

こんな君におすすめ

外国人観光客と気軽にコミュニケーションしたい君にぴったり！

資格データ

■受験できる年齢　制限なし
■試験の区分　3 級、2 級、1 級
■試験の時期　6 月、10 月
■主催　全国語学ビジネス観光教育協会
http://kanko.zgb.gr.jp/index.html

150カ国以上で通用する国際基準のテスト

TOEFL《トーフル》®テスト

民

英語を母国語としない人の英語コミュニケーション能力を測るテスト。「リスニング」「リーディング」「スピーキング」「ライティング」の4技能を測定する。日本では、テスト会場でオンライン受験するTOEFL iBT《アイビーティー》®テストが実施されている。アメリカ、イギリス、オーストラリア、カナダ、ニュージーランドなどの英語圏《けん》の国や、ヨーロッパ、アジアなどの150カ国以上で、1万校以上の大学やその他の機関がTOEFL®のスコアを受け付けており、留学希望者や海外移住・海外就職を考えている人が数多く受験している。

中高生向けのTOEFL®Junior《ジュニア》もあるので、まずはこちらから受験するのもいいだろう。

資格データ

■受験できる年齢　制限なし

■試験の区分

スコアによる判定

■試験の時期

年間約40回実施（TOEFL® Juniorは年2回）

■主催

ETS

https://www.ets.org/jp/toefl

こんな君におすすめ

高校・大学で海外留学をしたいと考えているならチャレンジしておきたいテストの一つ

日常生活で使える英語力をスコアで判定

TOEIC®《トーイック》 L&R《エルアンドアール》

民

TOEIC®プログラムは、世界共通で実施されている英語によるコミュニケーション能力を測るテスト。職場や日常生活でのコミュニケーションを想定して出題されるのが特色だ。TOEIC® L&R（Listening《リスニング》 & Reading《リーディング》）は「聞く」「読む」の2技能を問うマークシート方式のテストで、全国約80都市の試験会場で実施。ほかに、「話す」「書く」の2技能を測るTOEIC® S&W《エスダブリュ》（Speaking《スピーキング》 & Writing《ライティング》）も全国主要都市で実施されており、両方受験すれば英語4技能の実力を測定できる。

英語学習の初・中級者向けにL&RよりやさしいTOEIC Bridge《ブリッジ》®テストも実施されている。

資格データ

■受験できる年齢　制限なし
■試験の区分
スコアによる判定
■試験の時期
8月、2月以外の毎月（年10回）
■主催
一般財団法人 国際ビジネスコミュニケーション協会
https://www.iibc-global.org/toeic.html

こんな君におすすめ

学校で学んでいても、今ひとつ日常生活で英語を使える自信がないという君はぜひ！

パソコンでいつでも受験できる英語テスト

CASEC《キャセック》

民

自宅や学校のパソコンで好きなときにインターネット上で受験できる英語コミュニケーション能力判定テスト。日常生活、学校生活、職場などでよく使われる語彙《ごい》力や表現力、リスニングでの聞き取り能力などを測定する。40〜50分で受験でき、合否ではなくスコアで判定される。

正解・不正解に応じて次に出題される問題が変わるシステムを採用しており、誰が受験しても自分のレベルに合った問題に取り組むことができるのもポイント。試験結果は終了後すぐに表示され、TOEIC《トーイック》® L&R《エルアンドアール》のスコア目安や英検®の級目安もわかるほか、スコアレポートは今後の英語学習にも役立つ。

資格データ

■受験できる年齢　制限なし

■試験の区分
スコアによる判定

■試験の時期
いつでも受験可能

■主催
株式会社 教育測定研究所
https://casec.evidus.com/

こんな君におすすめ

英語コミュニケーション能力のテストを受けたいが、時間が取れない人にぴったり！

GTEC《ジーテック》

民

入試でスコアを受けつけている大学も多数

オンラインで受験できるスコア型英語4技能検定。学習指導要領に則して出題されることが大きな特徴。留学生とのやりとりやホームステイ先でのやりとりなど学生に身近なシーンを想定した出題も多いため、小中高生が日々の英語学習の成果を実際のコミュニケーションに活かす力を確かめるのに最適だ。

外国人とのコミュニケーションで実際に使えるかどうかを正確に判定するため、ライティング、スピーキングに関しては、「主張と情報が明確か」「効果的に表現できているか」を重視して海外で採点するのも大きな特色。個人受験できる「GTEC CBT《シービーティー》」は高校2年後半～高校3年が受験時期の目安だ。

資格データ

■受験できる年齢　制限なし

■試験の区分

スコアによる判定

■試験の時期

CBT タイプは7月、11月、3月

■主催

株式会社 ベネッセコーポレーション

https://www.benesse.co.jp/gtec/

こんな君におすすめ

身近なシチュエーションの問題なら取り組みやすいという君におすすめ！

日本語が正しく使えるかどうかを測る

日本語検定

民

日本語を使うすべての人を対象に、日本語が正しく使えているかどうかを測定する検定試験。「漢字」「表記」「敬語」「言葉の意味」「語彙《ごい》」「文法」の6領域に加え、長文やグラフ・表、イラストマップなどを使った読解問題も出題される。

試験は、小学校2年生レベルの7級から社会人上級レベルの1級までの7区分。中学生は中学校卒業レベルの4級、高校生は高校卒業〜社会人基礎レベルの3級が大まかな目標となる。

日本語は複雑で奥が深く、わかっているつもりでも、抜けている知識や間違って覚えている表現も意外とあるもの。検定受験は改めて日本語を学ぶきっかけにもなるはずだ。

こんな君におすすめ

日本人として恥ずかしくない「正しい日本語」を身につけたいなら受けておきたい

試験の傾向と対策

試験では、漢字・語彙から長文読解まで幅広く問われるので、普段から新聞や本などで正しい日本語表現に触れておくことが何より大切。わからない言葉があったらその都度調べたり、文意が理解できなかったらくり返し読み込んだりする習慣をつけることで、正しい日本語力が養《やしな》われる。

敬語の使い方などは大人と積極的にコミュニケーションを取ることによっても身につけられる。併《あわ》せて公式練習問題集と公式過去問題集なども使って勉強しよう。

身につくスキルと活かし方

日本語の文章を正確に理解したり、正しい日本語で文を書いたり、会話をしたりする能力が身につく。また、読解力や語彙力が養われることで、国語はもちろんそれ以外の教科に関しても基礎的な学習能力の向上が期待できる。

上位級に合格していることが受験や就職の際に評価されるケースももちろんあるが、敬語がきちんと使えるなど、日本語が正しく使えることは人物評価に直結することが多いため、身につけた力は幅広い場面で役に立つ。

取得までのプロセス

7〜5級は小学生レベル。中学生以上なら5級、4級あたりからスタートしても。順番に受験して3級まで到達すれば、高校卒業〜社会人基礎レベル。最終目標は高い教養や知識を持つ社会人上級レベルの1級だ。

- 5級（小学校卒業程度の日本語力）
- ↓
- 4級（中学校卒業程度）
- ↓
- 3級（高校卒業・社会人基礎程度）
- ↓
- 2級（大学卒業・社会人中級程度）
- ↓
- 1級（社会人上級程度）

資格データ

■受験できる年齢　制限なし

■試験の区分

7 級、6 級、5 級、 4 級、3 級、2 級、1 級

■試験の時期

6 月、11 月

■主催

特定非営利活動法人
日本語検定委員会
https://www.nihongokentei.jp/

例年約２００万人が受験する漢字の検定試験

日本漢字能力検定（漢検）

民

漢字に関する幅広い知識を問う検定試験。例年約２００万人が受験する、国内では抜群の知名度を誇《ほこ》る検定だ。試験では、「漢字の読み・書き取り」「筆順・画数」「部首」「送り仮名」「対義語・類義語」「同音・同訓異字」「三字熟語・四字熟語」「故事・ことわざ」などの問題が出題される。

小学1年生修了程度（対象漢字数は80字）の10級から大学・一般程度（約６０００字）の1級まで、試験は12区分。どの級からでも自由に受験できるが、中学生なら中学校在学程度（１３２２字）の４級、高校生なら高校在学程度（１９４０字）の準２級が目標だ。

こんな君におすすめ

得意の漢字を大学入試などで活かしたいという君におすすめ！

試験の傾向と対策

上位級になればなるほど、日常生活や学校の教科書・授業で見ることがない漢字も多くなるため、学校の勉強だけで試験範囲をカバーするのは難しい。級ごとに試験範囲（対象となる漢字の数）が決まっているので、公式テキストや過去問題集をしっかり学習しておくことがいちばんの対策だ。「なんとなく意味はわかるけど読めない」「読めるけど書けない」などの漢字が多いと試験で高得点は望めないため、声に出したり、書いたりして勉強するのがコツ。

身につくスキルと活かし方

しっかり対策をして試験に臨《のぞ》むことで、曖昧《あいまい》に理解していた漢字が正確に読み書きできるようになり、知らなかった漢字も適切に使いこなせるようになる。努力が結果に結びつきやすい検定なので、勉強すること自体の楽しさも実感でき、ジャンルを問わず学習習慣も身につけられる。

また、漢検を入試の際に評価の対象とする大学も多く、国語の試験にも役立つので受験対策としても有効。上位級を取得すれば、就職の際のアピール材料の一つにもなる。

取得までのプロセス

10〜5級は小学生レベル。中学生以上なら5級、4級あたりから始めてみよう。公式テキストや過去問題集で勉強を重ねながら順番に上位級にチャレンジ。勉強量の勝負なので、10代での1級合格も十分可能だ。

5級（小学校卒業程度の漢字能力）→ 4級（中学校在学程度）→ 3級（中学校卒業程度）→ 準2級（高校在学程度）→ 2級（高校卒業・大学・一般程度）→ 準1級（大学・一般程度）→ 1級（大学上級程度）

資格データ

■受験できる年齢　制限なし
■試験の区分
10級、9級、8級、7級、6級、5級、4級、3級、準2級、2級、準1級、1級
■試験の時期　6月、10月、2月
■主催
公益財団法人
日本漢字能力検定協会
https://www.kanken.or.jp/kanken/

ほかにもある！

いろいろな国の語学資格

接客時によく出るフレーズを出題

インバウンド接客外国語検定 民

サービス業の接客スタッフに必要とされる外国語に特化した実践的で基礎的なレベルのオンライン検定試験。英語と中国語に対応しており、それぞれ小売、飲食、交通、宿泊といった業種を選択して受験する。接客時の頻出《ひんしゅつ》フレーズを効率的にマスターできるのが特色だ。

資格データ

■受験できる年齢
制限なし
■試験の区分
なし
■試験の時期
6月
■主催
一般財団法人
みんなの外国語検定協会
https://www.minnanogaikokugo.or.jp/inbound/

「訳す」能力を重視

中国語検定試験 民

日本語を母語とする中国語学習者を対象とした中国語の検定試験。「読む」「聞く」「話す」「書く」の4技能に加えて、外国語を運用する際に重要となる「訳す」力を重視しているのが大きな特色。将来、日本の企業などで中国語の能力を活かしたい人に向いている。

資格データ

■受験できる年齢
制限なし
■試験の区分
準４級、４～２級、準１級、１級
■試験の時期
6月、11月、3月
■主催
一般財団法人
日本中国語検定協会
http://www.chuken.gr.jp/

日常会話が目標なら3級をめざそう

「ハングル」能力検定試験 民

日本語を母語とする人の「ハングル」（韓国・朝鮮語）の学習到達度を評価する検定試験。試験は2級までは聞き取り試験と筆記試験。入門編である5級は、60分授業を40回受講した程度が合格ラインだ。

資格データ

■受験できる年齢
制限なし
■試験の区分
5～3級、準2級、2～1級
■試験の時期
6月、11月
■主催
ハングル能力検定協会
https://www.hangul.or.jp/

仕事で使えるのはB《ビー》級以上

インドネシア語技能検定試験 民

日本で唯一のインドネシア語の検定試験。インドネシア共和国教育文化省言語振興出版局と提携《ていけい》して実施されている。必要最小限のコミュニケーションができるレベルがE《イー》級、インドネシアに旅行できるレベルがD《ディー》級、日常生活で不自由しないレベルがC級。仕事に役立てるならB級が目標になる。

資格データ

■受験できる年齢
制限なし
■試験の区分
E～A級、特A級
■試験の時期
1次は7月、1月
■主催
日本インドネシア語検定協会
https://www.i-kentei.com/

翻訳《ほんやく》・通訳は2級以上

実用タイ語検定試験 民

タイ王国大使館・総領事館、タイ王国教育省、チュラロンコン大学大国政府観光庁が後援するタイ語の検定試験。5級は簡単な挨拶《あいさつ》などができるレベル、4級は簡単な会話が可能なレベル、3級は日常生活でタイ人と意思疎通《そつう》ができるレベル。翻訳・通訳ができるのは2級以上。

資格データ

■受験できる年齢
制限なし
■試験の区分
5～3級、準2級、2～1級
■試験の時期
6月、11月
■主催
特定非営利活動法人
日本タイ語検定協会
http://www.
thaigokentei.com/

スマホやパソコンから受験できる

みんなの外国語検定 民

「外国人が何を話しているか?」「話しかけられた時に返す最適な言葉は何か?」を判断する力を測る英語のコミュニケーション検定。スマホやパソコンなどからオンラインで動画を見ながら回答する。試験はやさしい順に「ブロンズ」「シルバー」「ゴールド」の3つのグレードがある。街中で頻繁《ひんぱん》に交わされることが多いフレーズが出題されるので、身につけた知識がすぐに活用できる。

資格データ

■受験できる年齢
制限なし
■試験の区分
ブロンズ、シルバー、ゴールド
■試験の時期
6月
■主催
一般財団法人
みんなの外国語検定協会
https://www.
minnanogaikokugo.or.jp/

受験者総数は延べ85万人以上

実用フランス語技能検定 民

日本のフランス語学習者を対象とした日本で唯一のフランス語の検定試験。「仏検《ふっけん》」の通称で親しまれ、延べ受験者数は85万人以上（２０１９年時点）。最もやさしい5級は50時間以上フランス語を学んだレベル。日常的なフランス語が使える3級は２００時間以上学んだレベルとなっている。

資格データ

■受験できる年齢
制限なし
■試験の区分
5～3級、準2級、2級、準1級、1級
■試験の時期
6月、11月
■主催
公益財団法人
フランス語教育振興協会
http://apefdapf.org/

約4億人が使用する世界の主要言語の一つ

スペイン語技能検定 民

スペイン語は、20以上の国と地域で公用語とされ、約4億人が使用する世界の主要言語の一つ。試験科目は、6級が筆記のみ、5、4級は筆記と5分間の聞き取り、3~1級は一次の筆記と二次の面接。入試での評価対象や留学生選抜の基準として採用している大学も多い。

もちろん、スペインや南アメリカを旅してみたい君がスペイン語の会話力などを高めるにも最適だ。

資格データ

■受験できる年齢
制限なし
■試験の区分
6～1級
■試験の時期
1次は6月、10月
■主催
公益財団法人
日本スペイン協会
http://www.casa-esp.com/

EU《イーユー》で最も使われている言語

ドイツ語技能検定試験 民

ドイツ語は、ドイツ、オーストリア、スイスなどで公用語とされており、EUで最も使用されている言語。入門編の5級は約30時間のドイツ語学習が合格の目安。身近な話題について話せるレベルの4級は約60時間、簡単なコラムや記事などが読める3級は約１２０時間が目安だ。

資格データ

■受験できる年齢
制限なし
■試験の区分
5～2級、準1級、1級
■試験の時期
6月、12月
■主催
公益財団法人
ドイツ語学文学振興会
http://www.dokken.or.jp/

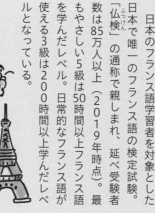

1級合格で全国通訳案内士の語学科目免除

実用イタリア語検定試験 民

日本国内で全国的に実施されている唯一のイタリア語検定試験。日本だけでなくイタリアでも認知されている。日常会話ができ、簡単な手紙が書けるレベルの3級がさしあたっての目標。1級合格で、国家資格である全国通訳案内士試験の筆記試験語学科目が免除となる。

資格データ

■受験できる年齢
制限なし
■試験の区分
5～3級、準2級、2～1級
■試験の時期
10月、3月
■主催
特定非営利活動法人
国際市民交流のための
イタリア語検定協会
http://www.iken.gr.jp/

読解力、聴取力《ちょうしゅ》、会話力を総合的に判定

ロシア語能力検定試験 民

総合的なロシア語力を測る検定試験。読解力だけでなく、聴取力、会話力もバランスよく身につけていることが求められ、それぞれの科目で6割以上の点数を取らないと合格できない。4、3級には試験会場でテープに録音する「朗読」の科目も設けられている。

資格データ

■受験できる年齢
制限なし
■試験の区分
4～1級
■試験の時期
5月、10月
■主催
ロシア語能力検定委員会
https://www.tokyorus.ac.jp/kentei/

世界各国で実施されているギリシャ語検定

ギリシャ語能力検定試験 民

ギリシャ文部科学省が認定するギリシャ語学習者のための検定試験。毎年5月に世界各地のギリシャ語センター支部が開催している。基礎のA《エー》1から最上級のΓ《ガンマ》2まで6レベルの試験があり、それぞれ「読解」「聴解《ちょうかい》」「作文」「口述」の4技能を審査される。複数レベルの同時受験も可能。

資格データ

■受験できる年齢
制限なし
■試験の区分
A1～Γ2
■試験の時期
5月
■主催
ギリシャ語能力検定試験・
日本試験センター
https://www.gr.emb-japan.go.jp/itpr_ja/greek_exams.html

資格ほっとタイム

君の住む自治体の制度も調べてみよう

10代の資格取得、検定受験を自治体が支援！

東京都の奨学金《しょうがくきん》は漢検、英検®などの費用も対象

資格取得をめざす10代にとってネックになるのがお金。テキスト代や講座の費用がかかるし、受験料もバカにならない。そこで注目したいのが自治体による10代への資格取得支援だ。

東京都は2018年度から「東京都立学校等給付型奨学金制度」をスタート。奨学金というと高校・大学などの学費というイメージが強いが、この奨学金はなんと英語検定、漢字検定、簿記検定などの検定試験や危険物取扱者、電気工事士などの資格取得経費などを給付の対象としている。対象者は都立高校などの生徒で、目安として年収約250万円未満の世帯は5万円、年収約250万円以上約350万円未満の世帯は3万円が支給上限額。資格・検定以外では、模擬試験受験料なども給付対象だ。

山口県宇部市は手話通訳士などの取得を支援

山口県宇部市では、手話通訳士などの資格取得を支援する「コミュニケーション支援人材育成助成金」を2019年度から実施。市内在住か市内の学校に通っていれば助成の対象になる。

沖縄県うるま市は、建設業界への就職に役立つ資格取得をサポートする「若者就業支援プログラム」を2019年度から実施。対象は15～30歳のうるま市在住者だ。

2章

技術が身につく資格

そろばんを使った計算能力を証明できる

珠算《しゅざん》能力検定試験（そろばん検定）

公

そろばんを使った計算能力の正確さ、速さを測る検定試験。「かけ算」「わり算」「みとり算（たし算、ひき算）」の3種目が出題される（10・9級はかけ算、みとり算のみ）。

級の区分は、10～4級、準3級、3級、準2級、2級、準1級、1級があり、10・9級は同じ試験問題。なお、6～3級、準2級、1級は日本商工会議所主催、10～7級、準3級、準2級、準1級は日本珠算連盟主催・日本商工会議所後援となっている。

試験時間は10～8級が20分で、それ以上の級はすべて30分。級が上がるごとに出題される問題のけた数などが増えていき、その分、難易度が上がっていく。

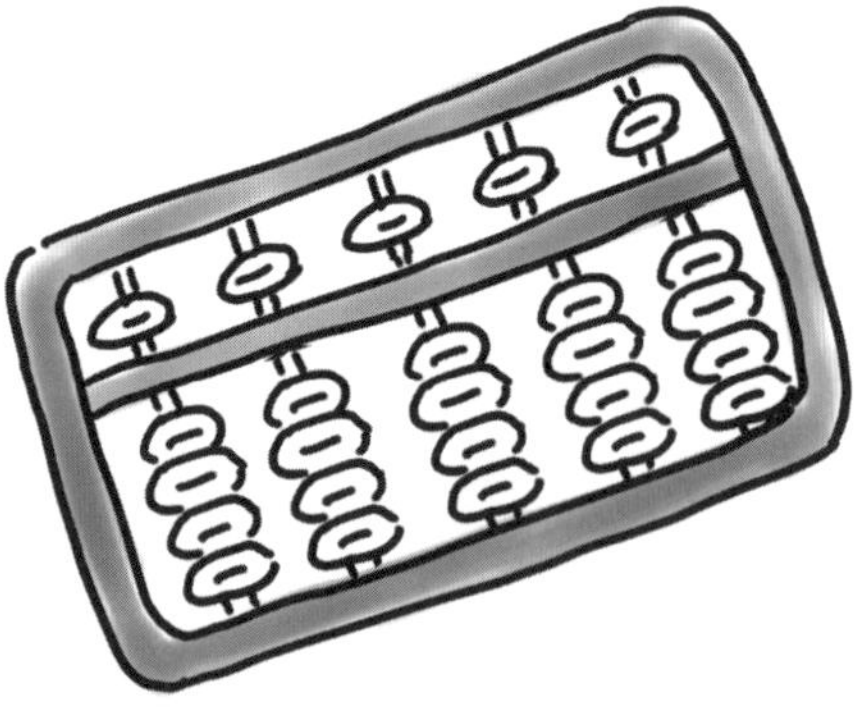

こんな君におすすめ

習ってきたそろばんの実力を特技としてアピール材料にしたい君におすすめ！

試験の傾向と対策

試験は、かけ算、わり算、みとり算のみ。6～1級の試験では、すべてみとり算10題、かけ算20題、わり算20題が出題される。純粋にそろばんを使った計算処理能力を測る内容なので、日頃からトレーニングを重ねて地道に正確さとスピードを高めていくことがいちばんの対策だ。各級の問題見本が日本珠算連盟のホームページに掲載《けいさい》されているので、事前にトライしておくと、現時点の自分の実力にふさわしい級を判断でき、試験対策にもなる。

身につくスキルと活かし方

社会ではそろばんを使って計算する機会は少なくなってきているが、だからといってそろばんを学ぶ意味がなくなったわけではない。計算力や暗算力、さらに集中力や忍耐力、記憶力を養《やしな》うことにもつながるため、そろばんを学ぶことは、算数・数学はもちろん、それ以外の教科の学習、日常生活などにも役に立つ。この検定試験は、そんなそろばんのトレーニングを継続し、レベルアップしていくための格好の目標だ。入試の際に評価する高校や大学もある。

取得までのプロセス

そろばんは小学生で習い始めることが多く、小学校高学年で1級に合格することも珍《めずら》しくない。年齢より習った年数がポイントなので、トレーニングを続けながら自分のレベルに応じた級を受験していこう。

10～8級（習い始めて1年目程度）
↓
8～6級（2年目程度）
↓
6～4級（3年目程度）
↓
4～2級（4年目程度）
↓
2～1級（5年目程度）

資格データ

■受験できる年齢　制限なし

■試験の区分
10～4級、準3級、3級、準2級、2級、準1級、1級

■試験の時期
3～1級は6月、10月、2月
それ以外の級は偶数月

■主催
日本商工会議所、
一般社団法人 日本珠算連盟
http://www.shuzan.jp/kentei/shuzan/

暗算能力検定試験

算数・数学の学習能力アップも期待できる

民

暗算の正確さやスピードを判定する検定試験。10～4級、準3級、3級、準2級、2級、準1級、1級がある。10～7級は同じ試験を受けて点数に応じて級を判定。6級以上は級ごとに試験を実施。試験問題は、10～7級はみとり暗算（たし算、ひき算）のみで、6級以上はかけ暗算、わり暗算が加わる。試験時間は12分と短いが、その間に80問（6級以上）を解かなければならないので計算のスピードが重要になる。この検定試験にチャレンジして暗算能力を高めることは、算数・数学の学習やテストに直接活かせるほか、集中力などを高めることにもつながるため、上位級をめざして学ぶことのメリットは大きい。

資格データ

■受験できる年齢　制限なし

■試験の区分

試験は 10 区分（級は 13 段階）

■試験の時期

偶数月

■主催

一般社団法人 日本珠算連盟

http://www.shuzan.jp/kentei/anzan/

こんな君におすすめ

算数・数学の学習に役立てるため、暗算能力を高めたいならぜひ！

フラッシュ暗算検定

民

右脳を鍛《きた》える効果があり、注目度が上昇中！

フラッシュ暗算とは、パソコンのモニターに次々と表示される数字をたし算していく暗算のこと。論理的思考力を司《つかさど》る左脳を鍛える通常の暗算とは異なり、イメージを司る右脳を鍛える効果もあるといわれており、注目度が高まっている。

このフラッシュ暗算検定は、フラッシュ暗算の正確さやスピードを判定する検定試験。数字のけた数や口数（加算する数字の数）、数字が表示される秒数によって20～1級、一段～十段に区分されており、珠算《しゅざん》教室で受験することができる。フラッシュ暗算の能力を養《やしな》うには、前提としてそろばんを習うことが不可欠。併《あわ》せて専用のソフトでトレーニングしよう。

資格データ

■受験できる年齢　制限なし

■試験の区分

20～1級、一段～十段

■試験の時期

随時

■主催

一般社団法人 日本珠算連盟

http://www.shuzan.jp/kentei/flash/

こんな君におすすめ

ひらめきや創造力につながる右脳を鍛えたいと思っている君に！

数学・算数の学力を全国レベルで判定

実用数学技能検定（数検）

民

計算・作図・表現・測定・整理・統計・証明といった数学・算数の実用的な技能を測る検定試験。試験区分は11～3級、準2級、2級、準1級、1級で、このほか幼児向けの「かず・かたち検定」もある。総称は実用数学技能検定だが、数学領域を扱う5～1級は「数学検定」、算数領域を扱う11～6級、および「かず・かたち検定」は「算数検定」とされている。目標となる級は、中学3年なら3級、高校3年なら準1級。1級は合格率が5・7％（2018年度）という難関だ。

全体の志願者数は年間37万人を超えており、検定を実施している学校や教育機関は1万7000以上に上る。

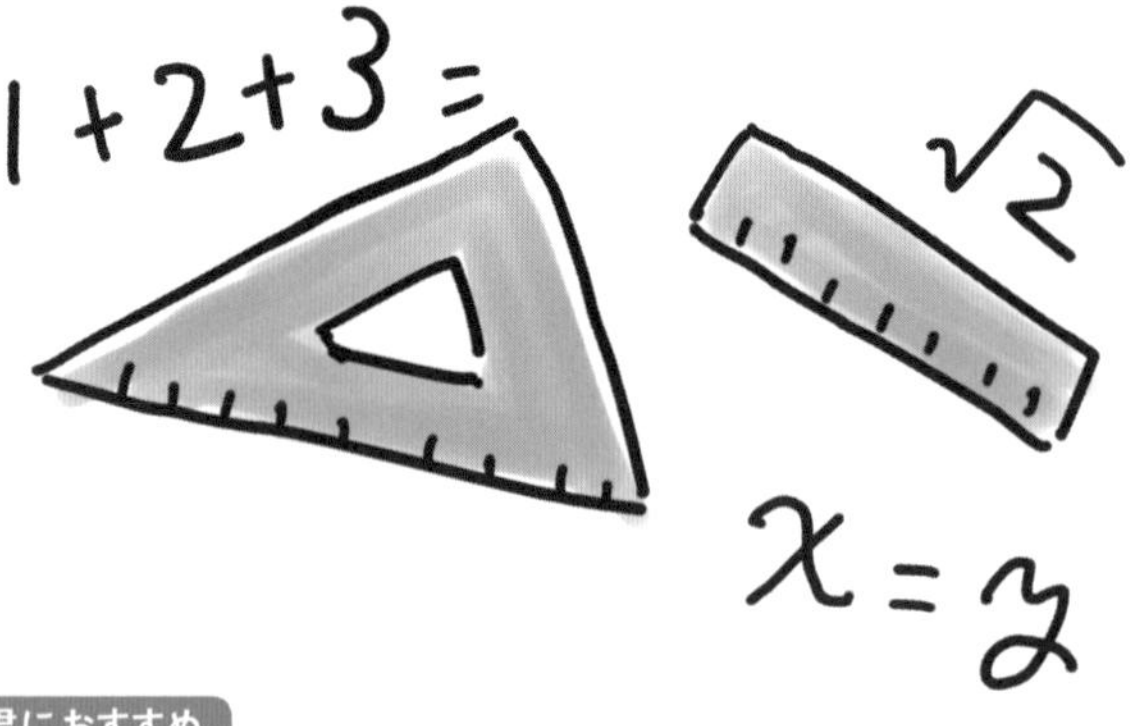

こんな君におすすめ

数学力を自分の強みとして磨《みが》きをかけて、入試などのアピール材料にしたい君に！

試験の傾向と対策

文部科学省が定める学習指導要領に基づいて、各級に対応する学年に必要とされる内容が出題されるので、まずは学校の数学や算数の授業で学んだことをしっかりと身につけることがいちばんの対策。苦手な分野がある場合は念入りに授業や教科書の復習をしておこう。それまでに習ってきた基礎知識の抜けなども克服《こくふく》しておくことが不可欠。

級ごとの過去問題集や文章題練習帳、記述式演習帳なども発行されているので、併《あわ》せて活用するのがおすすめだ。

身につくスキルと活かし方

数学・算数の基礎力・応用力、さらに、数学的な思考力・判断力・表現力を養《やしな》うことができる。また、数学・算数の学力を全国レベルで測ることができ、教育分野での認知度・普及度も高いため、さまざまな場面で活用することが可能だ。その一つが高等学校卒業程度認定試験[※]。実用数学技能検定の2級以上合格で必須科目の数学が免除《めんじょ》される。そのほか、入試の際に評価の対象としていたり、特定の級以上を単位認定したりする高校・大学も。

取得までのプロセス

5級が中学1年程度、4級が中学2年程度と、対応する学年が示されているので、自分の学習段階に応じた級からスタート。基礎に不安がある場合は、復習の意味でさらに下の級から受験するのも有効だ。

5級（中学校1年程度の数学の学力）→4級（中学校2年程度）→3級（中学校3年程度）→準2級（高校1年程度）→2級（高校2年程度）→準1級（高校3年程度）→1級（大学程度・一般）

資格データ

■受験できる年齢　制限なし

■試験の区分

11～1級、かず・かたち検定の13区分

■試験の時期

個人受験は4月、7月、10月

■主催

公益財団法人 日本数学検定協会
https://www.su-gaku.net/suken/

※高等学校を卒業した者と同等以上の学力があるかどうかを確認するための試験。

身近な道具である電卓を使いこなす力を測る

電卓技能検定

民

電卓を使って速く正確に計算する能力を測る検定。試験は12桁《けた》の速算用電卓を使ってさまざまな計算問題に取り組む。キーを速く正確に打つことに加えて、メモリー機能など電卓が持つ多様な機能をうまく活用して、効率的に計算できるかどうかが上位の級を取得するための重要なポイントだ。

試験は「段位」「1・2級」「3・4級」「5・6・7級」の4種類。例えば、「5・6・7級」の試験を受けた場合、点数に応じて5級、6級、7級に認定される。身につけた計算能力は、理系の勉強や会計関連の仕事、簿記・税理士の資格試験などに役立てることができる。

資格データ

■受験できる年齢　制限なし

■試験の区分

段位、1～2級、3～4級、
5～7級

■試験の時期

5月、7月、9月、11月、2月

■主催

一般財団法人 日本電卓技能検定協会
https://www.dentaku.or.jp/

こんなに君におすすめ

簿記や税理士などの資格試験にチャレンジしたい人に最適！

速記技能検定

符号で話し言葉を書き取り、反訳《はんやく》する技術を測る

民

簡略《かんりゃく》化された符号を使って他人が話す言葉をスピーディーに書き取り、後からそれを反訳する（普通の日本語の文章に直す）速記の技能を測定する検定試験。

試験では、問題文が音声で流れ、それを速記符号で書き取り、正しく反訳できるかどうかが問われる。やさしい順に6～1級があり、級が上がるごとに朗読の速さが上がっていく。入門者向けの6級はがんばれば普通の仮名文字でも書き取れるレベルだが、5級以上は速記符号を使わないと書き取れないレベル。1級はアナウンサーがニュースを読む速度よりも速い。2級以上を取得すればプロの速記者として活躍することも可能だ。

資格データ

■受験できる年齢　制限なし
■試験の区分
6～1級
■試験の時期
5月、8月、11月
■主催
公益社団法人 日本速記協会
https://sokki.or.jp/kentei/ginou/

こんな君におすすめ

大人になっても活かせる速記を特技として身につけたいと考えているならチャレンジを！

文字を効果的にデザインするための知識・技能を測る

レタリング技能検定

民

文字をデザインするレタリングの技能を測る検定試験。試験問題には、書体やデザインに関する知識問題、実際に指示に従ってレタリングをする実技問題がある。

4～1級があり、4級は初心者や学生などレタリングに興味をもっている人、3級は職場などでレタリングを活かしている人、2級はプロデザイナー志望者、1級はプロデザイナーを対象としている。レタリングは、学校でもプレゼンテーション用の資料作りなどに活かせるほか、社会に出てからも※POP《ポップ》広告や商品名・社名ロゴのデザインなどに活かせる。デザイナー志望者もそれ以外の人たちも注目しておきたい検定だ。

資格データ

■受験できる年齢　制限なし

■試験の区分

4～1級

■試験の時期

6月

■主催

公益財団法人 国際文化カレッジ

https://lettering-kentei.com/

こんな君におすすめ

店で見かけるPOP広告や看板の文字デザインに興味がある君なら楽しみながら学べそう

※店頭や商品陳列など、消費者が商品を購買する場で行われる広告。

建築・機械などの製図に必要な知識・技術を判定

トレース技能検定

民

トレースとは、建築士やデザイナーが描いた建築・機械・地図・デザインなどの図面を清書すること。トレースを行う人のことを「トレーサー」という。そのトレーサーに求められる知識や技術を測定するのがこの検定試験だ。試験では、実際に工業用文字や工業用図面などを作成する実技のほか、トレース用具、容器画法、日本工業規格、図面用文字、建築・機械などそれぞれの専門分野、製図用のコンピュータソフトであるCAD《キャド》などに関する知識が問われる。

入門者向けの4級から技術指導ができるレベルの1級までがあり、プロのトレーサーとして活躍できるのは2級以上。また、2級は高校の「工業」で単位認定を受けられる。

資格データ

■受験できる年齢　制限なし

■試験の区分

4～1級

■試験の時期

10月

■主催

一般財団法人 中央工学校生涯学習センター

https://chuoko-center.or.jp/trace.html

こんな君におすすめ

将来、建築や機械などの分野で働きたいと考えている君は、まずこの検定から

ボールペンなどで美しい文字を書く力を測る

硬筆書写技能検定

民

ボールペン、サインペン、万年筆などを使って美しく丁寧《ていねい》な文字を書く技術やそのために必要な知識を測る文部科学省後援の検定試験。級の区分は、やさしい順に6~3級、準2級、2級、準1級、1級。このうち、4~3級は中学生・高校生程度が対象、準2~準1級は高校生・大学生・一般社会人程度が対象。上位級を入試の際の評価の対象とする大学・短大・高校・専門学校が増えているほか、2級を「書道Ⅰ」の単位として認定する高校もある。もちろん、美しい字が書けることは社会に出てからもさまざまな場面で役に立つ。検定用のドリルや講座などを活用してしっかりと練習してから試験に臨《のぞ》もう。

資格データ

■受験できる年齢　制限なし

■試験の区分

6～3級、準2級、2級、準1級、1級

■試験の時期

6月、11月、1月

■主催

一般財団法人 日本書写技能検定協会
https://www.nihon-shosha.or.jp/index.html

こんな君におすすめ

「きれいな字を書けるようになりたい」と考えているすべての人におすすめ！

毛筆書写技能検定

民

墨《すみ》と筆で美しい文字を書く力を判定

毛筆で美しく丁寧な文字を書く力やそのために必要な知識を測る文部科学省後援の検定試験。級の区分は、硬筆書写検定と同様、やさしい順に6～3級、準2級、2級、準1級、1級。このうち、4～3級は中学生・高校生程度が対象、準2～準1級は高校生・大学生・一般社会人程度が対象。上位級を入試の評価の対象とする高校・大学・短大・専門学校があるほか、2級を「書道Ⅰ・Ⅱ・Ⅲ」の単位に認定する高校などもある。一般的に毛筆を使う機会は減っているだけに、上位級を取得すれば希少価値のあるアピール材料にできる。

こんな君におすすめ

古くより伝わる技能の書道を強みにしたい君に！

資格データ

■受験できる年齢　制限なし
■試験の区分　6～3級、準2級、2級、準1級、1級
■試験の時期　6月、11月、1月
■主催　一般財団法人 日本書写技能検定協会
https://www.nihon-shosha.or.jp/index.html

賞状技法士

民

宛名や賞状の文字を毛筆で美しく書く

賞状や挨拶《あいさつ》状・案内状、のし紙、胸章《きょうしょう》、封書やはがきの宛名、式次第、祝辞《しゅくじ》などを、毛筆を使ってバランスよく美しく書く技能を判定する検定試験。やさしい順に準3級、3級、2級、準1級、1級がある。3～準1級は試験だけを受けることはできず、取得をめざすなら日本賞状技法協会が実施する通信講座か通学講座（各コース6カ月～12カ月）を受講することが必須。コースの終了課題の審査によって合否が判定される。1級のみ公開検定試験を実施。合格すれば、日常生活や学校・職場で幅広く毛筆の技能を活かせる。

こんな君におすすめ

年賀状の宛名などを毛筆できれいに書けるようになりたい君に！

資格データ

■受験できる年齢　制限なし
■試験の区分　準3級、3級、2級、準1級、1級
■試験の時期　1級の公開検定試験は11月
■主催　日本賞状技法士協会
http://www.atene-kyoiku.co.jp/

和服を仕立てる技術を認定する

和裁検定試験

公

振袖《ふりそで》や訪問着、浴衣などの和服を仕立てる技術や知識を測る検定試験。級の区分は、4~1級の4段階。4級は初歩的な実技と知識を修得しているレベル、3級は基本的な実技と理論を修得しているレベル、2級は職業としての実技と理論を修得しているレベル、1級は職業としてさらに高度な実技と理論全般に精通《せいつう》しているレベル。プロとして活躍したいなら2級以上が目標だ。

試験科目は、4級が実技と筆記、3~1級が実技、部分縫《ぬ》い、筆記。実技では、現場で女子用あわせ長着《ながぎ》（4級は浴衣《ゆかた》）を実際にその場で作成する。1級実技は8時間30分という長時間。4級実技でも3時間30分というハードな検定試験だ。

こんな君におすすめ

「自分で浴衣などを作れるようになりたい」「将来は和裁士になりたい」という君に！

試験の傾向と対策

実技試験では、実際に試験会場で長着や浴衣を制作するので、採寸《さいすん》、裁断《さいだん》、縫製《ほうせい》など和服を仕立てるために必要な技術がすべて求められる。そのため、和裁教室などで基礎からしっかりと技術を学ぶことが不可欠。上位級をめざすなら数年間かけてレベルアップを図る必要がある。

3～1級受験者に対しては、日本和裁検定協会が和裁検定講習会を実施しており、「長着」「部分縫い」「筆記」と3部門に分けて受講することが可能だ。

身につくスキルと活かし方

4級、3級は家庭での和服作りなどに活かせる技術が身につけられる。2級以上は和裁のプロとして必要な技術やセンスの証明となり、呉服店、結婚式場、着物メーカー、和服仕立て店、和裁教室などの就職に有利。また、個人で「和裁士」として活動するにも、自分で和裁教室を開く際にも検定合格は技術をアピールする材料になる。

特に難関の1級は合格者数も少なく（2019年はわずか3人）、取得すれば業界内での評価は非常に高い。

取得までのプロセス

和裁教室などで基礎から技術を学んで、まずは4級から受験。上位級をめざすには数年かけて腕を磨《みが》いていこう。なお、1級受験には和裁検定試験の2級か、国家検定の和裁技能検定2級に合格していることが必要。

4級 初歩的な技術と理論を修得しているレベル
↓
3級 基本的な技術と理論を修得しているレベル
↓
2級 職業としての実技と理論を修得しているレベル
↓
1級 職業として高度な実技と理論全般について精通しているレベル

資格データ

■受験できる年齢　制限なし

■試験の区分
4～1級

■試験の時期
9月

■主催
東京商工会議所
https://www.kentei.org/wasai/

趣味の編物《あみもの》の技術を磨《みが》きたいなら

毛糸・レース編物技能検定

民

編物に必要な技術や知識を測る文部科学省後援の検定試験。「毛糸編物技能検定試験（5～1級）」と「レース編物技能検定試験（3～1級）」の2種類がある。毛糸の5、4級は基礎レベル。どちらも3級以上は専門レベルで、2級は指導補佐が、1級は指導ができる実力の証明となる。

試験には理論と実技があり、理論では、素材や色彩、デザインなどの知識が問われ、実技では実際に編み図をもとに編物を制作する。毛糸編物ならかぎ針編、棒針編、アフガン編など、レース編物ならニッティング・レース、クロッシエ・レースなどの技術を幅広く修得しておくことが合格のポイント。さまざまな編み方を研究しながら実践経験を重ねよう。

資格データ

■受験できる年齢　制限なし

■試験の区分

毛糸は5～1級、レースは3～1級

■試験の時期

9月

■主催

公益財団法人 日本編物検定協会

https://www.amiken.or.jp/

こんな君におすすめ

「編物が大好き」という君なら、楽しみながら受験できるはず！

洋服のデザイン画から型紙を創《つく》る技術を判定

パターンメーキング技術検定

民

洋服のデザイン画から型紙（パターン）を起こす技術を判定する検定試験。その専門職である「パターンメーカー」として働いている人や、パターンメーカーをめざしている人などが数多く受けている。

やさしい順に3〜1級があり、3級は、ファッション造形知識・技術とパターンメーキングを1〜2年学んだ人が対象で、2級はパターンメーカーをめざして3年間程度学んだ人や新人のパターンメーカーが対象。1級は5〜6年の実務経験者が対象となっている。将来、パターンメーカーとして働きたいなら、まずは3級からチャレンジ。合格すれば、アパレル企業などへの就職の際に基礎が身についていることをアピールできる。

資格データ

■受験できる年齢　制限なし

■試験の区分

3〜1級

■試験の時期

3級は12月

■主催

一般財団法人 日本ファッション教育振興協会

http://www.fashion-edu.jp/pt/pt.html

こんな君におすすめ

将来、ファッション業界で働くことを考えているなら、基礎力を身につけるのに最適

食に関する知識や調理の技術を幅広く問う

家庭料理技能検定（料検《りょうけん》）

民

「食文化」「栄養」「食の安全」などに関する知識や調理に関する知識・技術を問う文部科学省後援の検定試験。略称《りゃくしょう》は「料検」。級の区分は、5～2級、準1級、1級。このうち4級は中学生程度、3級は高校生、大学・短大・専門学校の1年生程度が対象となっている。

試験は一次試験（筆記）と二次試験（実技）がある。5級と4級は筆記試験のみで合否を判定するが、3級以上は一次試験合格者が二次試験へと進む。二次試験では、試験会場で、出題された素材の処理や調理を実際に行うので、調理技術を基礎からしっかり身につけておくことが必要だ。料理が得意なら、中高生でも十分上位級をめざせる。

こんな君におすすめ

料理が得意で、自分の強みとしてアピール材料にしたいならおすすめ！

試験の傾向と対策

筆記試験は、食文化、食事のマナー、調理器具、食の安全、さまざまな調理技法など。級ごとに発行されている公式テキストでしっかりと勉強しておきたい。

ポイントになるのは3級以上の二次試験。きゅうりの輪切り、スクランブルエッグの調理（2019年度3級）などが出題され、これらを試験会場で制限時間内に仕上げないといけない。実技試験の問題や採点のポイントは事前に公表されるので、家でくり返し実践しておこう。

身につくスキルと活かし方

筆記試験の学習を通して、食に関する幅広い知識が身につく。食は日々の生活の根幹《こんかん》をなすものなので、栄養や素材、食文化、マナー、調理技法、食の安全などに関する知識は日々の生活や家庭での調理で必ず役に立つはずだ。また、3級以上は調理の技術が身についていることの証明にもなる。食品学・栄養学系の大学・短大・専門学校をめざしている高校生なら、3級以上を取得しておけばAO《エーオー》・推《すい》薦《せん》入試の際などにアピール材料にすることもできる。

取得までのプロセス

5級は小学校高学年の家庭科で習うレベルの問題なので、誰でも取り組みやすい。大学受験に活かすなら、高校2年までに3級を取得しておこう。その後はプロレベルの1級をめざして、勉強・練習を続けよう。

- 5級　小学生程度
- 4級　中学生程度
- 3級　高校生、大学・短大・専門学校の1年生程度
- 2級　食物系大学・短大・専門学校の1～2年生程度
- 準1級　食物系大学・短大・専門学校の2年生程度
- 1級　食物系大学卒業程度

資格データ

■受験できる年齢　制限なし
■試験の区分
5～2級、準1級、1級
■試験の時期
一次試験は6月、11月
■主催
学校法人香川栄養学園
https://www.ryouken.jp/

手話を使ったコミュニケーション能力を判定

手話技能検定

民

手話を言語として活用する能力を測定する検定試験。やさしい順に、7～3級、準2級、2級、準1級、1級がある。7～準2級、準1級は筆記試験、2級と1級は実技試験。

手話と聞くとハードルが高いと感じる人もいるかもしれないが、指文字の基本形などを問う7級は、8時間程度の学習で手軽にチャレンジできる。

病院や学校など、普段の生活や仕事で必要となる具体的な会話が手話で自由にできるのは準2級以上。就職などの際に、手話が使えることのアピール材料にしたいなら、準2級以上を目標にしてトレーニングを重ねよう。

こんな君におすすめ

聴覚《ちょうかく》にハンディキャップのある人とも自由にコミュニケーションをしたい君におすすめ！

試験の傾向と対策

2級と1級以外は筆記試験だが、手話は挨拶《あいさつ》などの簡単なものであっても相手に通じなければ意味がないので、手話学習用のDVD《ディーブイディー》やインターネットの動画などを活用して、"見てまねる"トレーニングを重ねていこう。手話教室などに通うと短期間で実力アップを図ることも可能だ。上位級に進むには単語や定型的な表現を数多く覚えることがカギ。協会のホームページに級ごとの出題単語・出題例文リストが掲載《けいさい》されているので受験前にマスターしておこう。

身につくスキルと活かし方

この検定を通して手話の能力を高めていけば、耳が聞こえない、聞こえにくいといったハンディキャップを抱《かか》えた人とも自由にコミュニケーションができるようになっていく。もちろん、自分自身がそのようなハンディキャップを抱えている場合も必ず役に立つ。

また、上位級に合格し、手話でコミュニケーションができることが証明できれば、医療《いりょう》・福祉の分野や接客業などへの就職の際にもアピール材料の一つになる。

取得までのプロセス

教材や手話教室などで手話を習い始めたばかりの人は、まずは7級からチャレンジ。試験範囲の単語数・例文数は級が上がるごとに増えていくので、段階的に学びながら上位級をめざそう。3年で1級合格が目安だ。

7級（学習期間1カ月〈8時間〉程度）
▶ 6級（3カ月〈24時間〉程度）
▶ 5級（6カ月〈40時間〉程度）
▶ 4級（1年〈80時間〉程度）
▶ 3級（2年〈160時間〉程度）
▶ 準2級（3年〈240時間〉程度）
▶ 2級（3年〈240時間〉程度）
▶ 準1級（3年〈240時間〉以上）
▶ 1級（3年〈240時間〉以上）

資格データ

■受験できる年齢　制限なし

■試験の区分
7～3級、準2級、2級、準1級、1級

■試験の時期
6～準2級、準1級の筆記は9月、3月

■主催
NPO 手話技能検定協会
https://www.shuwaken.org/

正しく美しい言葉でわかりやすく話す力を判定

アナウンス検定

民

大勢を相手に美しく正しい言葉遣《づか》いでわかりやすく話す能力を測る検定試験。3〜1級の3区分があり、3級と2級は、社内放送、お知らせ、案内、説明、報告、社内イベントの司会などに求められる力、1級は、アナウンサー、司会、俳優《はいゆう》など、プロの音声表現者に求められる力の証明となる。

3級と2級は筆記試験と一人4〜5分のアナウンステストが課され、1級は一人15〜20分のアナウンス試験のみ。

試験では、「印象・態度・姿勢」「発声・発音」「共通語のアクセント」「話の内容・構成《こうせい》」「理解して伝える力」などに関する知識と技術が幅広く問われる。

こんな君におすすめ

今は苦手だけど、いつか人前で堂々《どうどう》と話せるようになりたいという君にもおすすめだ！

試験の傾向と対策

3級と2級の筆記試験はどちらも同じ問題で、70点以上をなら3級合格、80点以上なら2級合格となる。

ポイントとなるのは、与えられた2つの課題《かだい》に関して4〜5分で話すアナウンス試験。たとえ簡単な内容、短い時間であっても正しい発声や言葉遣いで、態度や姿勢にも気を配りながら話すのは簡単ではないので、話し方教室やアナウンススクールなどできちんと指導を受けながらトレーニングを積むことが大切だ。

身につくスキルと活かし方

中学生・高校生なら、検定合格をめざしてトレーニングすることによって、ほかの生徒や先生の前で堂々とわかりやすく研究発表などができるようになる。こうした力は入試の面接でも活かすことができる。

また、将来、アナウンサー、司会者、ラジオのDJ《ディージェイ》、リポーター、俳優、声優などをめざす人にとっては、プロフエッショナルとしての技術を段階的に身につけていくための格好の目標になる。

取得までのプロセス

いきなり受験してもアナウンステストで合格ラインに到達するのは難しいので、まずは教室・スクールなどで適切な指導を受けながらトレーニングを重ねよう。2級に合格すれば1級の受験資格が得られる。

3級 社内放送などのレベル
←
2級 プロをめざす上での基礎が身についているレベル
←
1級 アナウンサーなどプロとして活躍できるレベル

資格データ

■受験できる年齢　制限なし

■試験の区分

3〜1級

■試験の時期

9月

■主催

NPO法人 日本話しことば協会
http://hana-ken.com/announce.html

面接にも活かせるコミュニケーション力が養《やしな》える

コミュニケーション検定 民

職場や日常生活で人とコミュニケーションする際に、相手の状況を正しく理解し、自分の意思を目的や場面に応じてわかりやすく表現し、効果的に相手に伝える能力を測る検定試験。試験は初級と上級の2種類があり、試験内容は初級が多肢選択式、上級が多肢選択式と面接。多肢選択式問題では、例えば「上司から頼まれた仕事が終わりそうもない場合」といった、職場などで実際にありそうなシチュエーションが示され、相手の感情や状況に応じた適切な返事を選択できるかどうかが問われる。中学生・高校生にとっても、大人とコミュニケーションするときのポイントが理解でき、入試の面接などで役に立つ。

資格データ

■受験できる年齢　制限なし

■試験の区分

初級、上級

■試験の時期

公開試験は７月と１月

■主催

サーティファイコミュニケーション能力認定委員会

https://www.sikaku.gr.jp/c/nc/

こんな君におすすめ

先生や親以外の大人ときちんとコミュニケーションができるようになりたい君に！

社会でコミュニケーションするための力を測る

話しことばコミュニケーション検定 民

「話す」「聞く」というコミュニケーションの基本を理解し、実践《じっせん》できるかどうか、正しい語彙《ごい》や敬語、音声言語の知識があるかどうかなどを測る検定試験。4～1級があり、4級は友人・知人との会話ができるレベル、3級は話しことばの基本的能力があり、社会でよいコミュニケーションができるレベル、2級は社会のさまざまな場面に対応して的確にコミュニケーションできるレベル、1級は話しことばに関する専門的な知識と技術が身についているレベル。3級以上に合格すれば、アルバイトや入試の面接などの場面で、正しい言葉遣《づか》いや態度で適切なコミュニケーションができるようになる。

資格データ

■受験できる年齢　制限なし

■試験の区分

4級、3級、2級、1級

■試験の時期

4～2級は12月、1級は6月

■主催

NPO法人 日本話しことば協会
http://hana-ken.com/hanaken.html

こんな君におすすめ

アルバイト先や面接で適切なコミュニケーションができるようになりたい君におすすめ！

自分でイメージを膨《ふく》らませてキャラクターを描く

漫画キャラクター検定

民

日本漫画能力検定協会が実施する漫画能力検定の一部門。問題に提示されたストーリーと性別・髪型・服装などの条件から、自分がイメージするキャラクターを描く力を測る検定試験だ。4～3級、準2級、2級、準1級、1級があり、3級まではバストアップだが、準2級からは簡単なアクションを加えた全身を描くことが求められる。個人の趣味やクラブ活動で漫画やキャラクターを描いている人、漫画家をめざしている人などを対象に、実力を客観的《きゃっかんてき》に評価することを目的としており、合否の審査はプロが行う。協会のホームページに例題と模範《もはん》解答、採点基準などが掲載《けいさい》されているので、事前に確認しておこう。

資格データ

■受験できる年齢　制限なし

■試験の区分

4～3級、準2級、2級、準1級　1級

■試験の時期

6月、11月、2月

■主催

特定非営利活動法人 日本漫画能力検定協会

http://www.manken.ne.jp/index.html

こんな君におすすめ

漫画を描くことが趣味で、自分の実力の客観的な評価が知りたいという君にぴったり！

漫画家アシスタント検定

ベタ入れ、トーン貼《ば》りなどのテクニックを認定

民

日本漫画能力検定協会が実施する漫画能力検定の一部門。漫画家のアシスタント志望者などを対象に実施する実技検定で、やさしい順に3～1級がある。3級の試験では、「ベタ入れ」「スピード線・集中線」「トーンベタ貼り」「ホワイト修正」「背景」といったペンとスクリーントーンのテクニックが問われる。級が上がるごとにより複雑なトーン処理や背景処理が求められるようになる。3級は誰でも受験できるが、2級以上は一つ下の級に合格していることが条件。

プロが審査をするので、上位級に合格すればアシスタントに求められる技術を幅広く身につけていることの証明となる。

資格データ

■受験できる年齢　制限なし

■試験の区分

3級、2級、1級

■試験の時期

6月、11月、2月

■主催

特定非営利活動法人 日本漫画能力検定協会

http://www.manken.ne.jp/index.html

こんな君におすすめ

漫画家のアシスタントとして働くことを夢見ている君におすすめ！

似顔絵検定

顔の特徴《とくちょう》や表情をとらえて表現する技術を測る

民

人の顔や表情の特徴をとらえて似顔絵を描く技術を判定する検定試験。6～3級、準2級、2級、準1級、1級があり、6級、5級が趣味・入門レベル、4級、3級が基礎レベル、準2級、2級が中級レベル、準1級が上級レベル、1級が最上級レベルに位置づけられている。

　試験では実際に人物の写真を見ながら、指示に従って似顔絵を描く。指示通りの表情を表現できているか、写真から顔の特徴をとらえて表現できているか、男女、老若男女をうまく描き分けられているかといった点が審査《しんさ》ポイントだ。絵が上手ということだけでなく、観察《かんさつ》力も問われる。

資格データ

■受験できる年齢　制限なし

■試験の区分

6～3級、準2級、2級、準1級、1級

■試験の時期

6月、11月、2月

■主催

特定非営利活動法人 日本似顔絵検定協会

https://www.nigaoe-kentei.com/

こんな君におすすめ

将来、漫画家やイラストレーターをめざしているなら、上位級合格が自信になるはず！

声優能力検定

声優に求められる滑舌《かつぜつ》や発声などを判定

民

アニメのアフレコや外国映画の日本語吹き替え、テレビ番組のナレーションなどで活躍する声優に必要とされる能力を判定する検定試験。やさしい順に5～1級がある。申し込み後、郵送で問題が届き、その後、自分で電話をかけて受験するシステムなので、スマートフォンなどを使って自宅から24時間いつでもチャレンジできる。試験では、滑舌や声の使い分け、朗読などが出題される。例えば5級の場合のそれぞれの録音時間は、滑舌が30秒、声の使い分けが2分、朗読が2分の計4分30秒。短時間で受験が終えられるのも大きな特徴だ。一部にはこの検定の合格を募集条件としている声優オーディションもある。

資格データ

■受験できる年齢　制限なし

■試験の区分

5級、4級、3級、2級、1級

■試験の時期

いつでも受験できる

■主催

特定非営利活動法人 日本声優能力検定協会

https://www.seiyuu-seiken.com/

こんな君におすすめ

アニメなどの声優に憧《あこが》れて個人的にトレーニングしている君の腕試しに最適！

取得すればモーターボートなどが操縦《そうじゅう》できる

小型船舶操縦士免許

国

モーターボート、ヨット、水上バイクなど動力付きの小型船舶を操縦するために必要な免許。

一級は、20トンまたは24m未満の小型船舶を操縦でき、操縦できる水面に制限はない。二級は、大きさに関しては一級と同様で、海岸から約9㎞の範囲で操縦ができる。二級（湖川）は、5トン未満、エンジンの出力が15キロワット未満で、かつ湖・川での操縦に限られる。特殊《とくしゅ》は、水上オートバイ専用の免許だ。

一級以外は15歳9カ月以上であれば受験が可能。スクールや教習所で半日から2日間程度の講習を受けてから受験するのが一般的で、身体検査、学科・実技試験に合格すると取得できる。

資格データ

■受験できる年齢　一級は 17 歳 9 カ月以上、それ以外は 15 歳 9 カ月以上

■試験の区分

一級、二級、二級（湖川）、特殊

■試験の時期

地域により異なる

■主催

一般財団法人 日本海洋レジャー安全・振興協会

https://www.jmra.or.jp/license

こんな君におすすめ

自分でボートを操縦して水上レジャーを楽しみたいという君におすすめ！

16歳から取得でき、スクーターを公道で運転できる

原動機付自転車運転免許（原付免許）

国

50cc以下の原動機付自転車（原付、スクーター）を公道で運転するために必要な免許。16歳から取得が可能。

各都道府県の運転免許センターで適性試験と学科試験を受けて合格し、その後、技能講習を受講すると、当日に免許証を取得することができる。学科試験は交通ルールや交通マナーなどに関する内容で、問題数は48問。試験時間は30分。合格ラインは50点満点中45点以上だが、問題集が数多く市販されているほか、原付免許の学科試験対策専用のWeb《ウェヴ》サイトや無料アプリも充実しているので対策はしやすい。なお、普通自動車免許（18歳以上）でも原付は運転できる。

資格データ

■受験できる年齢　16歳以上

■試験の区分
なし

■試験の時期
年末年始を除く平日

■主催
地元の都道府県警察本部、免許試験場、指定自動車教習場

こんな君におすすめ

「スクーターが運転できると何かと便利！早く免許が欲しい」という君に！

小学生があの難関資格に合格！

人気資格の最年少合格記録をチェック

数検1級の最年少合格記録はなんと9歳

年齢制限がなく誰でも受験できる資格・検定の中には、ビックリするほどの年少者が合格しているものもある。

日本漢字能力検定（漢検®）1級の最年少合格記録は10歳の小学4年生（2010年）。1級は合格率5~10%という難関で、試験対策をしている大人でも簡単には合格できないレベル。小学生の合格は画期的だ。

もっとすごい記録が出ているのが実用数学技能検定（数検）。理数系大学卒業程度の問題が出題される1級に9歳の小学4年生が合格している（2019年）。9歳が多変数関数や線形代数、回帰分析などの問題に取り組むだけでもすごいが、合格してしまうとは！

超難関の公認会計士に合格した16歳も！

国家資格に目を向けると、宅地建物取引士（宅建士）の最年少合格記録は12歳（2006年）。恐らく普段の生活では見たこともない不動産用語や法律用語が並ぶ宅建試験をクリアしたこの子はどのような勉強をしたのだろうか？

超難関で知られる公認会計士は過去に16歳が合格。試験範囲が広く膨大《ぼうだい》な勉強量が必要なこの資格に16歳で合格するとはまさに驚異的。そのほか、行政書士は2016年度試験で14歳が合格している。

3章

社会や人に役立つ資格

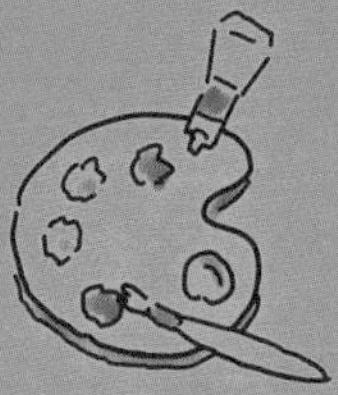

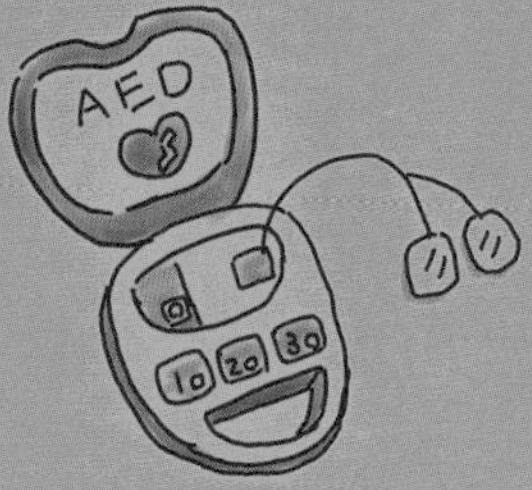

さまざまな観測データから気象を予測する

気象予報士 国

さまざまな気象観測データや対象となる地域の地形などを分析して、天気、気温、湿度、降水確率などを予測する専門家を認定する国家資格。合格率は4・5%（第52回・2019年度）という難関だ。気象予報は人々の活動に大きな影響を与えるため、気象庁以外が業務として予報を行う場合は、気象予報士の資格が必須とされている。

気象予報士の活躍の場はテレビやインターネット、新聞などのメディアでの天気予報だけではない。気象予報会社では、企業の依頼を受けて特定のエリア、時間帯の詳細な予報を提供しているほか、最近では地方自治体に協力して地域防災に貢献《こうけん》する気象予報士も増加している。

こんな君におすすめ

いつもテレビで見ている気象予報士に憧《あこが》れている君におすすめの資格！

試験の傾向と対策

学科試験では、大気の構造、大気の熱力学といった理系の知識のほか、気象業務法など関連する法律に関しても出題される。実技試験では、これらの知識を前提として、与えられた天気図や衛星データなどを分析し、設問に答えていく。そのため、幅広い知識をテキストなどでインプットすることに加えて、天気図や気象観測データに数多く触れ、分析するトレーニングも必須。独学でも合格は可能だが、通学・通信の講座を利用するとより効率的。

身につくスキルと活かし方

気象予報士の資格を取得すれば、自分で必要なデータを集めて、天気予報ができるようになる。生徒・学生の間に取得した場合でも、自分が住む地域の気候をピンポイントで予測して、日々の生活に役立てることが可能だ。もちろん、将来、気象庁、気象予報会社、放送局などで気象関連の仕事に就《つ》くためにも大きなプラスになる。現場で予報する経験を重ね、周囲の評価を得られるようになれば、フリーの気象予報士として活躍する道も拓《ひら》ける。

取得までのプロセス

気象予報士合格までの平均勉強時間は約1000時間といわれている。学科試験に合格すれば1年間は合格が有効なので、次回は実技試験対策のみに専念することが可能。初回は学科対策に重点を置くなど、自分に合ったプランを立てよう。

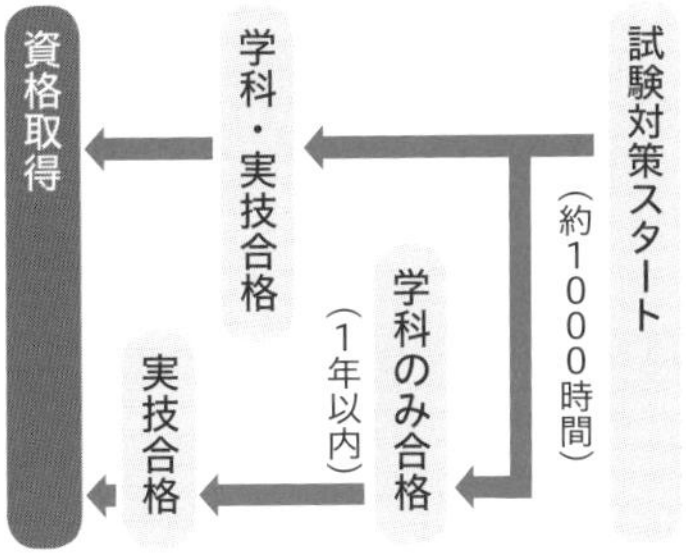

資格データ

■受験できる年齢　制限なし
■試験の区分
なし
■試験の時期
8月、1月
■主催
一般財団法人
気象業務支援センター
http://www.jmbsc.or.jp/jp/examination/examination.html

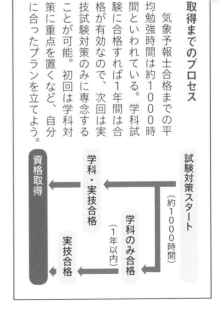

救命技能認定証

公

心肺蘇生《しんぱいそせい》やAED《エーイーディー》を使った救命の知識・技能を認定

各都道府県の消防本部・消防局が実施する救命講習を受講し、修了すると得られる認定証。

救命講習は、一般の人たちを対象に、心肺蘇生やAED（自動体外式除細動器）の使い方などを指導する内容。東京都の場合は、「普通救命講習」「普通救命（自動体外式除細動器業務従事者）講習」「上級救命講習」などがあり、普通救命講習を修了すると「救命技能認定証」、普通救命（自動体外式除細動器業務従事者）講習を修了すると「救命技能認定証（自動体外式除細動器業務従事者）」、上級救命講習を修了すると「上級救命技能認定証」が交付される。

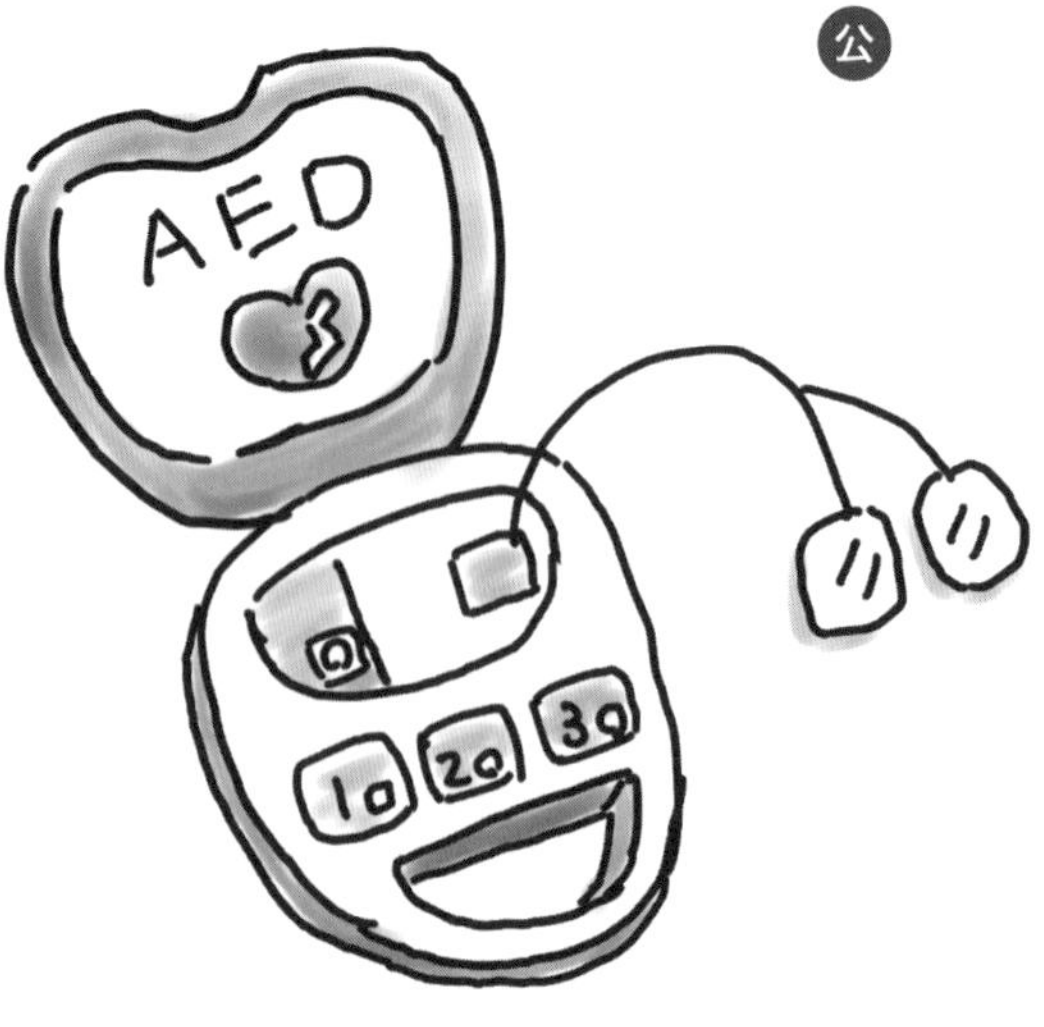

こんな君におすすめ

将来、救急救命士など命を救う仕事に就《つ》きたいと考えている君におすすめ！

試験の傾向と対策

東京都の「普通救命講習」では、心肺蘇生やAED、異物除去、止血法などを学ぶ。3時間で終わるので、誰でも気軽に受講しやすい。AEDを一定頻度《ひんど》で使う可能性のある人に推奨《すいしょう》されている「普通救命（自動体外式除細動器業務従事者）講習」は、普通救命講習の内容に、AEDの知識確認と実技の評価が加わる。「上級救命講習」はそれに加えて小児・乳児の心肺蘇生、傷病者管理、外傷の応急手当、搬送法など学ぶ。

身につくスキルと活かし方

目の前で誰かが心肺停止状態になったときに、適切な救命措置ができるようになる。AEDは初めての人でも使えるよう音声でガイダンスが流れるが、知識や経験がないとそれでも不安になってしまうもの。講習を受講しておけば、いざというときの行動力が違ってくるはずだ。

また、救命講習修了は防災士の資格取得条件となっている。そのほか、看護師、介護系資格など救命の技能が求められる資格と組み合わせて活用する人も多い。

取得までのプロセス

自治体の消防本部、消防局のホームページで開催情報を確認しよう。最初から上級を受講することも可能だ。なお、東京都以外では「普通救命講習Ⅰ～Ⅲ」「上級救命講習」という名称で分類されていることが多い。

未経験 → 「普通救命講習」「普通救命（自動体外式除細動器業務従事者）講習」「上級救命講習」 ※どれでも受講可 → 即日認定証交付

資格データ

■受講できる年齢　制限なし（自治体によっては中学生以上）
■認定の区分
普通救命講習、普通救命（自動体外式除細動器業務従事者）講習、上級救命講習
■講習の時期
毎月複数回開催
■主催
各都道府県の消防本部、消防局

障害者・高齢者を介助する心構えや実技を学ぶ

サービス介助士ジュニア

民

中学校・高校などで、障害者や高齢者をおもてなしの心をもって介助するために必要な心構えや知識、基礎的な介助技術を学ぶ講座を受け、修了後の検定試験に合格すると得られる資格。

前提として、自分が通う中学校・高校・専門学校が、公益財団法人日本ケアフィット共育機構が主催・認定する「サービス介助士ジュニア資格取得講座」を導入していることが必要。学校で実施される講座を受講し、修了後の試験に合格すると資格認定を受けることができる。

介助の知識や経験がゼロの中学生・高校生でも基礎から学ぶことができるので、福祉系資格の入門編としても最適だ。

こんな君におすすめ

家族や友人、地域の高齢者など、身近な人を介助できるようになりたいという君に

試験の傾向と対策

いきなり障害者・高齢者の介助について学ぶのではなく、まず自分自身を見つめ、人との関わり合いの中で生きている自分と向き合うプログラムから入るのが、サービス介助士ジュニア資格取得講座の特徴。こころの領域《りょういき》についてしっかりと学んだうえで、基礎的な介助技術・マナーの修得、障害者や高齢者への理解へと学びを深めていく。

実技試験・筆記試験は講座の内容に直結しているので、こころの領域も含めてしっかりと学ぼう。

身につくスキルと活かし方

自分が、多様な人たちから成り立つ社会の一員として、どのように考え、行動したらいいかを理解できるようになる。また、視覚障害者、聴覚障害者、車いす使用者、知的障害者、高齢者それぞれの気持ちを理解したうえで、家庭や地域でのボランティア活動で適切な介助ができるようになる。介護福祉士初任者研修、介護福祉士など福祉系の資格取得や福祉系の学校に進学する際にも、学んだ心構えや知識、介助技術が役に立つ。

取得までのプロセス

サービス介助士ジュニア資格取得講座の授業時間はトータルで17時間以上。修了後に実技試験と筆記試験（30分）を受け、合格するとサービス介助士ジュニアとして認定される。

不合格だった場合は再試験制度もある。

授業（17時間以上）→ 実技試験 → 筆記試験（30分）→ 資格認定

資格データ

■受験できる年齢　中学生・高校生・専門学校生

■試験の区分
なし

■試験の時期
導入する学校による

■主催
公益財団法人
日本ケアフィット共育機構
https://www.carefit.org/carefit/type/junior.php

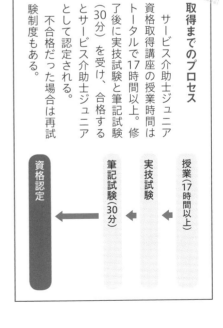

ユニバーサルデザインやバリアフリーの知識が身につく

福祉住環境コーディネーター検定試験® 公

高齢者や障害者ができるだけ自立していきいきと生活できる住環境を提案するアドバイザーに必要な知識を認定する資格。例えば、廊下《ろうか》やトイレ、風呂場などに手すりを設置する、段差をなくしてスロープにするなど、利用者の状態やニーズに合わせたさまざまな用具の導入や住宅改修を提案する。その際には、建築の知識だけでなく、高齢者や障害者が日常生活で何に困っているのかといったことや、身体の構造、健康、各種福祉用具、介護保険制度に関する知識も必要とされるため、試験では、医療・福祉・建築といった領域《りょういき》にまたがる幅広い問題が出題される。3〜1級があり、3・2級は誰でも受験できる。

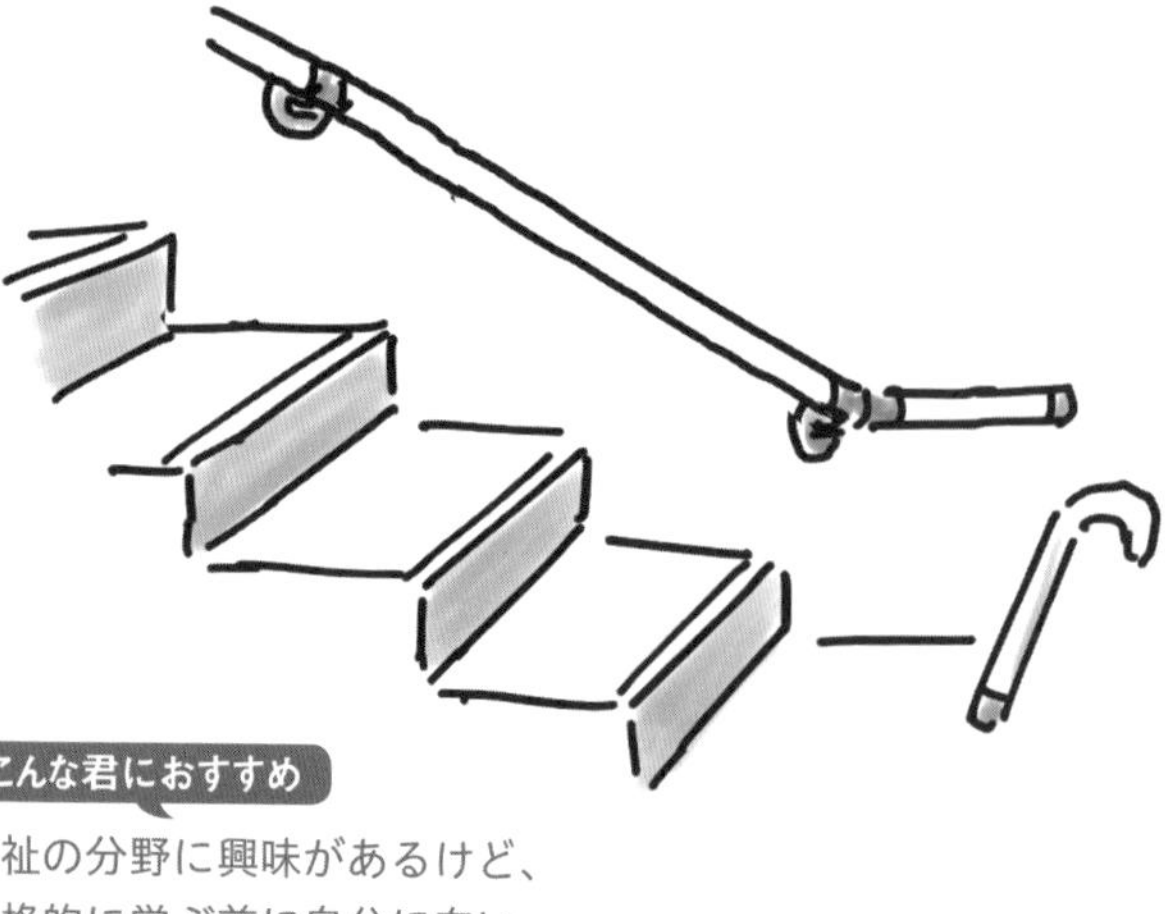

こんな君におすすめ

福祉の分野に興味があるけど、本格的に学ぶ前に自分に向いているか試したい君に！

試験の傾向と対策

資格の名称から専門的な内容をイメージしがちだが、3級の出題は初心者でも取り組みやすい基本的な内容。3・2級はマークシート方式のみで、実技試験はないので、特に福祉や建築に関する経験がなくても十分挑戦できる。

東京商工会議所が級別に発行している公式テキストに沿って出題されるので、テキストと過去問題をしっかり勉強するのがポイント。通信講座なども開講されているが、独学でも無理なく合格をめざせる。

身につくスキルと活かし方

これからの社会で誰にも必要になるユニバーサルデザインやバリアフリーに関する基本的な知識が身につく。また、高齢者・障害者が家庭での日常生活で直面する課題や福祉用具などに関する具体的な知識が身につくので、家族に高齢者・障害者がいる場合、自宅にどのような用具を導入すればいいかなどを自分で提案できるようにもなる。2・1級を取得すれば、福祉分野への就職に有利なほか、建築士などの資格と組み合わせて活用することもできる。

取得までのプロセス

3級は、テキストと過去問題集を使った独学でも2～3カ月程度で合格が可能。2級も同程度の勉強期間で合格をめざせるので、興味が深まったら続けて2級にもチャレンジしよう。なお、1級を受験するには2級合格が条件となる。

勉強スタート（2～3カ月前）
→ 3級
→ 2級（3級と同時受験も可）
→ 1級（2級合格が受験の条件）

資格データ

■受験できる年齢　制限なし
■試験の区分
3級、2級、1級
■試験の時期
7月、11月
■主催
東京商工会議所
https://www.kentei.org/fukushi/

高齢者などの身体介護に必要な知識・技術が学べる

介護職員初任者研修 公

高齢者や障害者に対して食事・入浴・排泄《はいせつ》などの日常生活を支援するために必要とされる基礎的な知識・技術について学ぶ研修。介護施設や訪問介護で利用者の体に触れる身体介護をするには、一定の知識・技術が必須で、この研修を修了していることは、それらが身についていることの公的な証明となる。

研修は、自治体、社会福祉法人、民間スクールなどが厚生労働省の定める指針《ししん》に沿ったカリキュラムで実施。通信講座もある。高齢者福祉施設や障害者福祉施設では、採用の際にこの研修を修了していることが条件とされることも多く、介護分野で働きたいと考えているなら受けておきたい研修だ。

こんな君におすすめ

「家族の介護をしたい」「将来、介護職として働きたい」と考えている君におすすめ！

試験の傾向と対策

研修の全カリキュラム修了後に筆記試験（1時間）が行われる。学んだ知識を確認するためのマークシート方式中心の試験なので、授業をしっかりと聞いていれば、初めて学ぶ人でも十分合格できる内容だ。

試験前には、テキストの復習、授業の中で重要と指摘されたポイントの整理、提出課題の見直しなどをやって、知識に抜けがないようにしておこう。なお、万が一試験で不合格だった場合も、追試《ついし》を受けることができる。

身につくスキルと活かし方

研修を受講することで、高齢者や障害者の身体介護に必要な基礎的知識と技術を身につけることができる。そのため、学んだことは高齢の家族や障害を持った家族の介護にすぐに役立てることができる。また、高齢者福祉施設や障害者福祉施設でボランティア活動を行う際にも適切な支援をすることができるようになる。

将来、介護・福祉分野での就職を考えている場合は、介護福祉士などの上位資格取得に向けた足がかりにもなる。

取得までのプロセス

介護職員初任者研修は介護についての学習経験や実務経験がなくても、誰でも受講することができる。スケジュールは研修を実施する事業者によって異なるので、インターネットなどで情報収集して、自分に合った講座を選ぼう。

介護職員初任者研修受講（講義55時間、演習75時間）→ 研修修了 → 試験合格 → 修了認定

資格データ

■受講できる年齢　制限なし

■試験の区分

なし

■研修の時期

研修実施事業者による

■主催

各都道府県の担当課

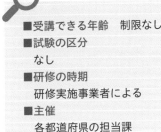

夢は大きく！

めざせ 難関資格

年齢・学歴による受験資格がない難関国家資格をピックアップ。実際に10代の合格者が生まれている資格も多数！

不動産取引で重要な役割を担《にな》う専門家

宅地建物取引士（宅建士）国

土地や建物といった不動産を取引する際に必要とされる専門家を認定する国家資格。不動産会社などの宅建業者が顧客《こきゃく》と売買契約を結ぶ際には、顧客が不当な契約を結んでしまうことがないよう、その不動産の権利関係や法令上の制限、現在の状態などを説明しなければならない。これを「重要事項説明」といい、法律で宅建士にしか認められていない。そのため、宅建業者は必ず業務に従事する者の5名に1名以上の宅建士を置かなければならない。このように重要な役割を担うため、宅建士は不動産業界では非常にニーズが高い。

膨大《ぼうだい》な勉強量が必要な超難関資格

公認会計士 国

会計のプロフェッショナルを認定する国家資格で、医師、弁護士と並ぶ3大国家資格の一つとされている。企業の会計に不正がないかを調べる「監査」という業務は公認会計士にしか認められていない。

短答式試験（一次）4科目、論文式試験（二次）6科目に合格する必要があり、膨大な勉強量が必要な難関。10代で合格すれば快挙だ。

資格データ

■受験できる年齢　制限なし
■試験の区分　なし
■試験の時期　短答式は12月、5月、論文式は8月
■主催　公認会計士・監査審査会 https://www.fsa.go.jp/cpaaob/index.html

当然、不動産業界で働いている人、あるいはめざしている人の受験が圧倒的に多いが、10代でも受験は可能。試験では宅建業法のほか、民法についての出題もあるので、法律系資格に関心のある10代の最初のステップとしても有効な資格といえる。

資格データ

■受験できる年齢　制限なし
■試験の区分　なし
■試験の時期　10月
■主催　一般財団法人 不動産適正取引推進機構
http://www.retio.or.jp/exam/takken_shiken.html

弁理士 国

特許など知的財産を扱うスペシャリスト

特許や商標などの知的財産に関する専門家を認定する国家資格。企業に依頼され、特許庁への申請・出願などの手続きを代行することは弁理士にしか認められていない。合格までの勉強時間は約3000時間といわれているので、10代から勉強をスタートすれば、若くして合格するチャンスも生まれる。長期プランで狙ってみては？

資格データ

■受験できる年齢　制限なし
■試験の区分　なし
■試験の時期　短答式は5月
■主催　特許庁
https://www.jpo.go.jp/news/benrishi/index.html

官公署への許認可申請の専門家

行政書士 国

飲食店や建設業の開業申請、車庫証明の申請など官公署への許認可申請を代行して請け負《う》うことができる専門家を認定する国家資格。法律系国家資格の中では比較的取り組みやすいとされている。試験科目には憲法、民法、行政法などがあり、法律に興味があるならチャレンジする価値あり。

資格データ

■受験できる年齢　制限なし
■試験の区分　なし
■試験の時期　11月
■主催　一般財団法人 行政書士試験研究センター
https://gyosei-shiken.or.jp/

経営コンサルタントを認定する国家資格

中小企業診断士 国

経営コンサルタントとしての幅広い知識と技能を認定する国家資格。

試験は3段階になっており、7月の第1次試験に合格すると10月の第2次試験（筆記）に進むことができ、これにも合格すると12月の第2次試験（口述）を受験できる。最終合格までの道のりは長い。

このうち第2次試験は実務経験がないと厳しい内容だが、10代が注目したいのは第1次試験。「経済学・経済政策」「財務・会計」「企業経営理論」「運営管理（オペ

合格率は例年3%台という超難関

司法書士 国

土地を取引する際の不動産登記、会社を設立する際の法人登記など、法務局への登記手続きを代行することができる専門家を認定する国家資格。このほか裁判や法律相談などの業務も行う。試験は合格率が例年3%台という難関だが、だからこそ希少価値は高い。10代から勉強をスタートして受験を重ね、長期プランで合格をめざそう。

資格データ

■受験できる年齢　制限なし
■試験の区分　なし
■試験の時期　筆記7月、口述10月
■主催　各管区法務局または地方法務局総務課
http://www.moj.go.jp/

レーション・マネジメント）」「経営法務」「経営情報システム」「中小企業経営・中小企業政策」の7科目で、もちろん10代には難しい試験ではあるものの、高校生が大学以降で学ぶ経営学の世界に一足早く触れるには格好の内容といえる。科目合格制（一度合格すると2年間有効）を取っているので、1科目でも合格できれば自信になるはずだ。

資格データ

■受験できる年齢　制限なし
■試験の区分　なし
■試験の時期　第1次は7月
■主催　一般社団法人 中小企業診断協会
https://www.j-smeca.jp/

資格ほっとタイム

資格・検定は数より質？　質より数？

履歴書《りれきしょ》に資格をたくさん書くと評価は上がる？

脈絡《みゃくらく》がない資格が並んでいても評価はされにくい

「何か履歴書に書ける資格がほしい」という目的で、資格・検定にチャレンジする人も多いはず。中には、「できるだけたくさんの資格を取ってアピールしよう」と考える人もいるはず。

では、履歴書に資格名がたくさん書いてあると、実際、評価されるのだろうか。

これが実はなんともいえないところ。認知度も難易度も高い資格がずらりと並んでいれば当然評価されるだろうが、分野に脈絡がなく、かつ簡単な資格・検定ばかり並んでいても、「資格マニアなんだね」と見なされる。

では、難関資格以外は書く意味がないのだろうか。もちろんそんなことはない。

やりたいことと関係する資格でアピールを

ポイントは志望理由欄《らん》に書いたり、面接で語ったりする「自分のやりたいこと」と資格・検定が連動していて、一つのストーリーにまとまっていること。例えば、「将来はグローバルに活躍できる会計分野のプロになりたい」という人の履歴書に、簿記能力検定と英検が並んでいれば、希望する仕事に就《つ》くための努力をすでに始めていることを効果的にアピールできる。つまり、やみくもに資格・検定を受ける前に、自分のやりたいことを明確にすることが大切なのだ。

4章

創造して形にする資格

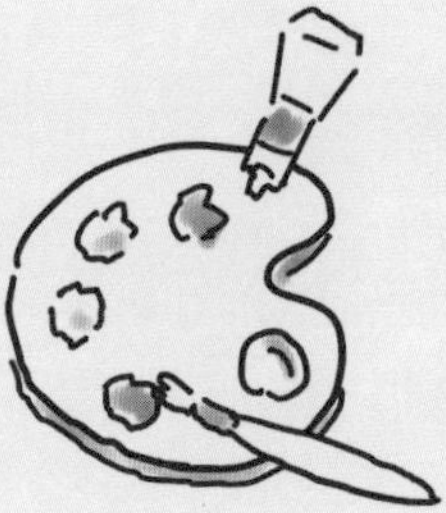

フォトマスター検定

民

よい写真を撮影するためのカメラ・写真に関する知識を判定

趣味で写真を楽しんでいる人からカメラ店・プリントショップなどで働いている人までを幅広く対象として、よい写真を撮影するための知識・技術を測る検定試験。

試験区分には、写真を趣味として楽しむレベルの3級、趣味を深めるレベルの2級、趣味を極めるレベルの準1級、写真教室の指導者をめざせるレベルの1級、1級合格者を対象に〝写真の達人〟を認定するEX《イーエックス》があり、EX以外は誰でもどの級からでも受験できる。中学・高校・大学の写真部・写真サークルでの団体受験も可能。3級なら、趣味で写真を始めたばかりの中高生でも気軽にチャレンジすることができる。

こんな君におすすめ

趣味で写真を撮っているけど、カメラや撮影の基礎が十分理解できていないという君に！

試験の傾向と対策

全級マークシート方式で、実技試験は課《か》されない。そのため、試験対策としては、カメラ・写真・撮影に関する正しい知識を基礎から修得していくことが求められる。検定事務局が全級対応版の公式テキストや過去問題集を発行しているので、受験前にしっかり勉強しておくことがポイントだ。それと並行して、日々、写真撮影の実践経験を重ねていくと、実際の撮影とテキストで学んだ知識がうまく結びついて学習効率も上がる。

身につくスキルと活かし方

合格した級に応じて、カメラやレンズ、記録メディア、フィルム、光源《こうげん》などの機能や仕組み、性質がより深く理解できるようになり、これらの知識・技術を駆使《くし》して思いどおりの写真が撮影できるようになる。写真部や写真サークルに所属しているなら、後輩などに適切な指導ができるようになるはずだ。また、将来、編集・デザイン・マスコミ業界、カメラ・写真関連の企業・ショップなどで働くことを志《こころざし》している人は、学んだ知識を職場で活かせる。

取得までのプロセス

写真の初心者であれば、まずは3級からスタート。試験対策をして自信がつけば、3・2級、2・準1級など隣接《りんせつ》する級の同時受験も可能だ。EXは写真活動歴・作品・小論文の提出が求められるので、経験・実績を重ねることが必要。

3級（基本レベル）
↓
2級（一般的～中程度レベル）
↓
準1級（上級程度レベル）
↓
1級（高度なレベル）
↓
修了認定

資格データ

■受験できる年齢　制限なし
■試験の区分
3級、2級、準1級、1級、EX
■試験の時期
11月
■主催
公益財団法人 国際文化カレッジ
https://www.pm-kentei.com/index.html

カラーコーディネーター検定試験 公

色に関する基礎〜専門レベルの知識を問う

それぞれの色がどのような性質を持っていて、どのように組み合わせると人の心理にどのような影響を与えるか、その効果を商品やファッション、環境などにどのように活かすことができるかといった、色彩に関する知識を測る検定試験。

試験区分は、スタンダードクラスとアドバンスクラスがある。色に関する基礎から身につけたいなら、まずはスタンダードクラスの合格が目標になる。アドバンスクラスは、ファッション、商品開発、デザインなどビジネスシーンでの活用を想定した内容なので、将来、これらの仕事に就《つ》く足がかりになる。中高生なら美術などの作品制作にも身につけた知識を活かせるはずだ。

資格データ

■受験できる年齢　制限なし
■試験の区分
スタンダードクラス、
アドバンスクラス
■試験の時期
6月（3・2級）、12月
■主催
東京商工会議所
https://www.kentei.org/color/

こんな君におすすめ

ファッションなどのセンスを磨《みが》くために「色」について学びたい人はぜひ！

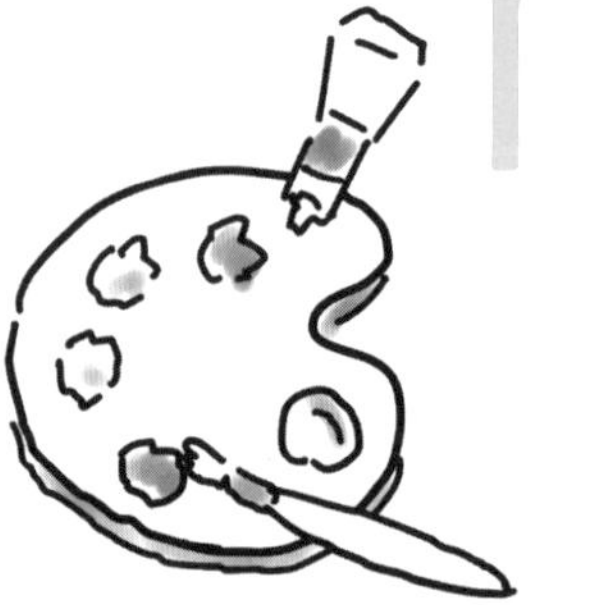

ユニバーサルデザインに特化した級を新設

色彩検定® 公

日々の生活、ファッションやデザインなどに幅広く影響する「色」についての理論的・体系的な知識を測る検定試験。試験区分には、初めて色を学ぶ人向けの3級、ビジュアルデザインやインテリアデザインなどの実務に応用したい人向けの2級、プロフェッショナル向けの1級、ユニバーサルデザインに特化したUC《ユーシー》級（2018年新設）の4種類がある。3級は光と色のメカニズム、色の表し方、色の心理的効果、配色の考え方や技法などの基礎が問われる内容で、公式テキストで対策をすれば中高生にも取り組みやすい。

こんな君におすすめ

「色」がもたらすさまざまな影響や効果に興味があるならおすすめ！

資格データ

- ■受験できる年齢　制限なし
- ■試験の区分　3級、2級、1級、UC級
- ■試験の時期　6月、11月、12月
- ■主催　公益社団法人 色彩検定協会
  https://www.aft.or.jp/

「人と色」に着目した色彩の知識を測る

パーソナルカラリスト検定 民

パーソナルカラリストとは、一人ひとりの肌や髪、唇《くちびる》などの色に合わせて似合う色を見つけ、その人の魅《み》力《りょく》を最大限に引き出す色彩を提案するスペシャリストのこと。美容、ファッション、ブライダル、インテリア、ジュエリー、フラワーなどの幅広い業界で活躍が期待されている。

そのパーソナルカラリストに必要とされる、「人と色」に着目した色彩知識と配色調和に関する知識を問うのがパーソナルカラリスト検定だ。3級、2級、1級があり、3・2級は誰でも受験可能。1級は2級合格が出願条件だ。

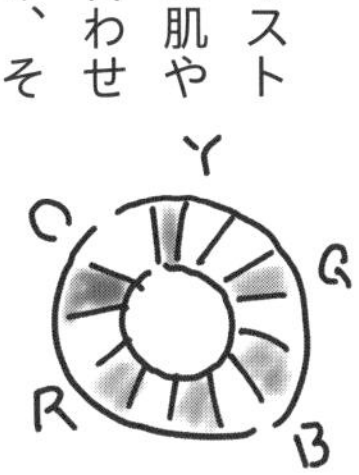

こんな君におすすめ

将来、美容、ファッションなどの業界で働きたい君におすすめ！

資格データ

- ■受験できる年齢　制限なし
- ■試験の区分　3級、2級、1級
- ■試験の時期　7月、11月、2月
- ■主催　日本カラリスト協会
  https://www.personal-colorist.org/

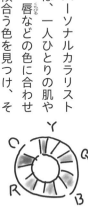

POP広告クリエイター技能審査試験

民

お店で商品をPR《ピーアール》するPOP《ポップ》広告の作成技術を判定

小売店などの店舗で商品を効果的にPRするPOP広告の作成能力を判定する技能審査試験。

学科試験（30分）と実技試験（160分）があり、学科では、POP広告の種類や役割、作成に必要な道具、販売促進一般などに関する知識が問われ、実技では、陳列棚《ちんれつだな》などに置かれるショーカードやプライスカード、ポスター風POPなどを実際に作成する。実務経験1年程度を想定した出題レベルなので、通信教育や講習会などで実際にPOP広告を作るトレーニングを重ねておきたい。身につけた技術は小売店でのアルバイトや学校のイベントなどの際に活かすことができる。

資格データ

■受験できる年齢　制限なし

■試験の区分

なし

■試験の時期

8月、2月

■主催

一般社団法人 公開経営指導協会

https://www.jcinet.or.jp/examination/pop/

こんな君におすすめ

将来、小売店の販売員になって店頭で商品をPRしたい君におすすめ！

プロダクトデザイン検定 民

家電、雑貨などのデザインに必要な知識を問う

家電、自動車、家具、文具、雑貨などさまざまな製品をデザインする「プロダクトデザイナー」に求められる知識を測る検定試験。試験区分にはプロダクトデザインに関わる仕事をするために必要な基本的な知識を問う2級と、具体的な方法や留意《りゅうい》事項の指示を受け業務を遂行《すいこう》できるレベルの1級がある。試験はコンピュータ上で受験するCBT《シービィーティー》方式で出題はすべて4択問題。

2級、1級ともに誰でも受験できるが、実務を想定した試験内容なので、中高生は公式テキストでしっかりと対策をすることが不可欠。身につけた知識は、企業の商品開発部門やプロダクトデザイナーへの就職の際にアピール材料となる。

資格データ

■受験できる年齢　制限なし

■試験の区分

2級、1級

■試験の時期

随時

■主催

公益社団法人 日本インダストリアルデザイナー協会

http://pdken.jida.or.jp/

こんな君におすすめ

将来、商品開発担当者やプロダクトデザイナーをめざしている君に！

自宅のインテリアデザインにも知識が活かせる

インテリアコーディネーター

民

内装、家具、カーテン・テーブルクロスなどのファブリックス、照明器具、住宅設備などの幅広い知識を活かして、顧客《こきゃく》に対してインテリア計画や商品選択のアドバイスをする専門能力を認定する資格。試験は一次試験（学科）と、二次試験（プレゼンテーション・論文）があり、一次試験に合格すると二次試験が受験できる。一次試験合格は3年間有効なので、まずは一次試験だけを受験して、長期計画で二次合格をめざすことも可能だ。身につけた知識・技能は自宅のインテリアに活かせるのはもちろん、将来、住宅メーカーやインテリア販売店などに就職する際にも有効なアピール材料になる。

資格データ

■受験できる年齢　制限なし

■試験の区分

なし

■試験の時期

10月（一次）、12月（二次）

■主催

公益社団法人 インテリア産業協会

https://www.interior.or.jp/examination/ic/

こんな君におすすめ

カーテンや家具などのインテリアに興味があるという君におすすめ！

インテリアプランナー 民

魅《み》力《りょく》的なインテリア空間を設計する力を測る

高品質で魅力的なインテリア空間を実現する設計能力を認定する資格。インテリア空間における人の行動や感覚に対する理解、インテリア空間を構成する構造、建築設備、仕上げ、家具、照明器具などのインテリアエレメンツ、建築関連の法令・基準などの幅広い専門性が問われる。試験は学科試験と設計製図試験の2ステップ。学科に合格すると設計製図を受験できるが、学科のみの合格でも「アソシエイト・インテリアプランナー」の称号が与えられる。将来、インテリアの専門家や建築士をめざす際に有効な資格だ。

こんな君におすすめ

将来、建築やインテリア関連の業界で働きたいなら注目の資格！

資格データ

■受験できる年齢　制限なし
■試験の区分　なし
■試験の時期　6月（学科）、11月（設計製図）
■主催　公益財団法人 建築技術教育普及センター
https://www.jaeic.or.jp/shiken/ip/index.html

照明コンサルタント 民

人の暮らしを豊かにする照明の基礎を学ぶ

住宅や店舗、オフィスなどで、人の暮らしを豊かにする照明に関する基礎知識・技術を認定する資格。

資格を取得するためには、照明学会が実施する基礎講座（通信教育）の受講が必須。講座は7月から翌年3月にかけて開講され、テキストでの学習を重ねながら、計5回の演習問題の解答提出、指定課題のレポート提出をクリアし、修了すると、照明コンサルタントとして認定される。

将来、プロの照明技術を認定する「照明士」をめざすうえでも基礎となる知識を身につけることができる。

こんな君におすすめ

照明を駆使《くし》したおしゃれな空間作りに興味がある君におすすめ！

資格データ

■受講できる年齢　制限なし
■認定の区分　なし
■講習の時期　7月～3月
■主催　一般社団法人 照明学会
https://www.ieij.or.jp/educate/kiso.html

食に関する多様な知識を備えた専門家を認定

フードコーディネーター

民

食文化、健康と栄養、テーブルコーディネート、メニュープランニングなど総合的な知識を活かして、飲食店のメニュー開発や店舗プロデュース、テレビ・雑誌・イベントでの料理のスタイリングなどで幅広く活躍するフードコーディネーターを認定する資格。3級、2級、1級の3段階に区分されており、3級合格で2級の受験資格が得られる。2級は1次試験通過後、資格認定講座（レストランプロデュース、商品開発、イベント・メディアの3分野のうちいずれかを選択）を受講し、修了すると資格認定。2級合格者対象の1級は1次試験（企画書審査）、2次試験（プレゼンテーション・面接）に合格することが必要だ。

こんな君におすすめ

料理が好きで、将来は食の魅力《みりょく》を発信する仕事をしたいという君にぴったり！

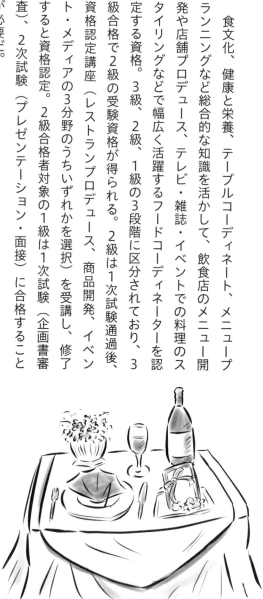

試験の傾向と対策

3級試験は、食に関わる「文化」「科学」「デザイン・アート」「経済・経営」の4分野について幅広い知識が問われるマークシート方式。普段から料理をしているというだけではこれらの知識は身につかないので、公式テキストや用語集、過去問題集を使って対策しよう。

また、日本フードコーディネーター協会では試験直前に半日程度の試験対策講座を開催している。受講しておくと効率的に合格をめざせる。

身につくスキルと活かし方

上位の級を取得すれば、食に関しての多様な提案やプロデュースができる実力が身につく。3級もその土台となる基礎知識が身についていることの証明となる。

業界では認知度が高い資格なので、食品メーカーや飲食チェーンなどで食品開発などの仕事に就く際に有利なほか、資格+実務経験でフリーランスのフードコーディネーターとして活躍する道も。実績を積めば飲食店のプロデュースや食関連のイベント企画などで活躍することも可能だ。

取得までのプロセス

まずは3級合格をめざして勉強スタート。各級とも試験は年1回なので、長期プランを立てて段階的に上位級に挑戦するのが現実的だ。10代のうちに3級を取得しておき、学生時代に2級、社会人になってから1級をめざすのもいいだろう。

3級試験 → 2級1次試験 → 2級2次資格認定講座 → 1級1次試験 → 1級2次試験

資格データ

■受験できる年齢　3級は中学校卒業以上

■試験の区分

3級、2級、1級

■試験の時期

3級は10月下旬～11月

■主催

特定非営利活動法人 日本フードコーディネーター協会

https://www.fcaj.or.jp/

メイクアップのプロに求められる技術を認定

日本メイクアップ技術検定試験

民

将来、美容業界で働きたいと志している人やすでにメイクアップを職業としている人を対象に、スキンケアやメイクアップの技術を実技試験によって認定する検定試験。

3級、2級、1級があり、3級ではスキンケアからベースメイクアップ、チーク、ハイライト・ローライトまでの基本技術の過程と仕上がりを、2級では基本バランスに沿ったスキンケアからフルメイクアップの過程と仕上がりを、1級ではモデルの悩みや要望に沿ったイメージメイク技術を審査する。3級は誰でも受験でき、2級は3級合格者か3・2級の同日受験者が、1級は2級合格者が受験できる。

資格データ

■受験できる年齢　制限なし

■試験の区分

3級、2級、1級

■試験の時期

7月、2月

■主催

一般社団法人 JMA

http://www.jma-makeup.or.jp/exam/makeupj/

こんな君におすすめ

メイクに興味があり、今から専門的な知識を学んでおきたい君に！

ネイルケアやネイルアートの技術、知識を測る

ネイリスト技能検定試験

民

ネイリストとして働くために必要な技術と知識を筆記試験と実技試験で測る検定試験。3級ではネイルケア、ネイルアートの基本的な技術と知識が、2級ではサロンで通用するネイルケア、リペア、チップ&ラップ、アートに関する技術と知識が、1級ではトップレベルのネイリストに必要な総合的な技術と知識が問われる。3級は中学校を卒業していれば誰でも受験できるが、2・1級は一つ下の級に合格していることが受験の条件。合格すれば、自分や家族、友達に正しいネイルケア、ネイルアートができるようになり、将来、ネイリストとして就職する際にも級に応じた技術があることの証明となる。

資格データ

■受験できる年齢　中学校卒業以上

■試験の区分

3級、2級、1級

■試験の時期

4月、7月、10月、1月

■主催

公益財団法人 日本ネイリスト検定試験センター

http://www.nail-kentei.or.jp/

こんな君におすすめ

将来、ネイリストとして働きたいと考えているならチャレンジしてみよう

家具や照明など住生活商品の販売スキルを認定

リビングスタイリスト

民

デパートや家具専門店などで住生活商品の接客販売をするために必要な知識を認定する文部科学省後援の資格。3級、2級、1級があり、3級では小売流通、接客販売、ビジネスマナー、家具、照明、アクセサリーなどの知識が、2級では3級の内容に加えて、情報、マーケティング、法規、設備などの知識が問われる。1級はさらに高度になり、2・3級の範囲に加え、商品調査、競合調査、時事問題などの課題に対する問題点のとらえ方や判断能力が問われる。接客の現場で働くことを想定した資格なので、将来、住生活関連の販売職に就《つ》いた際の仕事内容が実感を持ってイメージできるようになる。

資格データ

■受験できる年齢　制限なし

■試験の区分

3級、2級、1級

■試験の時期

3・2級は7月、11月、1級は2月

■主催

一般社団法人
日本ライフスタイル協会
https://www.lifestyle.or.jp/ls/about.html

こんな君におすすめ

家具やインテリアに興味があり、将来、関係する仕事に就きたいという君に！

販売職に必要なジュエリーの知識を認定

ジュエリーコーディネーター

民

ジュエリーの販売の際に、商品知識や専門知識に基づいて適切なアドバイスやコーディネートができる能力を認定する検定試験。3級、2級、1級があり、入門編である3級の試験では、ジュエリーの歴史、市場、素材、製造、商品、販売、コーディネートに関する基礎知識や、それらの知識を活かして接客・販売する能力が問われる。2・1級を受験するには一つ下の級に合格していることが必要だ。

日本ジュエリー協会が発行している検定テキストや過去問題集でしっかり勉強するのが一番の試験対策。そのほか無料の試験直前総復習セミナーも開催されている。

資格データ

■受験できる年齢　制限なし

■試験の区分

3級、2級、1級

■試験の時期

8月（全級）、3月（3級のみ）

■主催

一般社団法人 日本ジュエリー協会
https://jja.ne.jp/coordinator/index.html

こんな君におすすめ

ジュエリーに興味があり、将来は販売などの仕事に就きたいならぜひ！

グローバル時代の資格戦略！

留学や海外就職に役立つ!? 国際的に通用する資格

海外の団体が主催する資格・検定を狙おう

今の時代、「将来はグローバルな舞台で活躍したい」と考えている中学生・高校生も多いはず。それに備えて学生時代に留学も経験しておきたいという人もたくさんいるだろう。

それなら、資格・検定も国際性を重視して選ぶという考え方もある。

留学や海外就職の際に、「こんな資格・検定を持っています」とアピールするなら、日本国内限定の資格・検定よりも、海外の団体が主催し、日本でも行われている資格・検定のほうが、当然認知度も高いし、アピール度も高いからだ。

では、国際的に通用する資格・検定にはどのようなものがあるのだろうか。

約１３０カ国で実施されているＴＯＥＦＬ《トーフル》®

例えば、英語の検定試験は数多いが、ＴＯＥＦＬ®テストはアメリカのＥＴＳ《イーティーエス》という団体が主催し、世界約１３０カ国で実施されているので国際的な認知度は抜群。ヨーロッパでは、イギリスの機関が実施するＩＥＬＴＳ《アイエルツ》の認知度が高い。ＩＴ《アイティー》系のベンダー認定資格（ソフトウェアなどのメーカーが認定する資格）も国際的に通用する資格が多い。例えば、マイクロソフトオフィス製品の資格であるＭＯＳ《モス》は世界中で４００万人以上が受験している。

5章

競技に関わる資格

サッカー審判員

経験を重ねればJ《ジェイ》リーグの審判を務《つと》めることも夢じゃない！

民

国内で行われるサッカーの公式戦で審判を務めるために必要な資格。4級、3級、2級、1級、女子1級がある。

JFA《ジェイエフエー》（日本サッカー協会）が主催するJリーグやJFL《ジェイエフエル》などJFAが主催する試合で審判を務めるには1級が必要。2級は地域協会が主催する試合、3級は都道府県協会が主催する試合、4級は郡市・都市協会が主催する試合の主審を務めることができる。4級は12歳以上が対象で、全国の都道府県協会が実施する4級審判員取得講習会を受講し、試験に合格すると4級審判員として登録できる。なお、18歳以下のユース審判員は原則として20歳以下の試合の主審を務める。

こんな君におすすめ

サッカー部やクラブチームに所属し、審判にも興味がある君におすすめ！

試験の傾向と対策

4級は実技を含む講習を受講し、筆記試験に合格すると登録できる。なお、18歳以下、15歳以下と年代を限定した講習会も開催されているので、地元の協会のホームページでスケジュールを確認しよう。講習会はサッカーのルールなどに関する座学《ざがく》が中心で、実技は副審のフラッグの持ち方や掲げ方、主審のコート内での動きなどを実演の後に受講者もやってみるというもの。当日に行われる筆記試験は○×式。講習をしっかり受講していれば合格できる内容だ。

身につくスキルと活かし方

サッカーの試合で主審や副審を務めるために必要なコートサイズやファウルなどの競技規則、ファウルの判断基準やファウルがあった場合のシグナルの出し方、審判の服装などの基本的な知識を身につけることができる。

4級には受験者の年齢によって18歳以下（U《ユー》—18）、15歳以下（U—15）の枠組みがあり、4級審判として登録すれば、それぞれ郡市・都市協会が主催するユース年代、ジュニアユース年代の主審・副審を務めることができる。

取得までのプロセス

まずは4級からスタート。合格したら、審判としての経験を重ねながら上の級をめざしていこう。3級資格取得講習会は、15歳以上で、4級取得後一定の審判経験を重ねていれば受講可能。2級以上を取得するには協会の推薦も必要になる。

4級（郡市・都市協会主催の試合を裁ける）
↓
3級（都道府県協会主催の試合）
↓
2級（地域協会主催の試合）
↓
1級（JFA主催の試合）

資格データ

■受講できる年齢　4級は12歳以上、3級は15歳以上

■試験の区分
4級、3級、2級、1級、女子1級

■試験の時期
地域により異なる

■主催
公益財団法人 日本サッカー協会
http://www.jfa.jp/referee/

高校野球や少年野球の公式戦のジャッジができる

アマチュア野球公認審判員 民

社会人野球、高校野球、少年野球などアマチュア野球の公式戦で審判を務めるために必要な資格。3級、2級、1級、国際の4段階があり、3級は都道府県大会、2級は地区大会（関東大会、近畿大会など）、1級は全国大会、国際は国際大会の試合を担当できる。3級は誰でも受験できるが、2級以上の級を取得するには一つ下の級を取得していることなどが条件となる。日本のアマチュア野球には長らく審判の資格に関する制度がなかったが、2015年にこのような資格制度がスタートした。

初めてチャレンジするなら、まずは3級から。資格取得後3年程度経験を積めば、2級に挑戦できるようになる。

こんな君におすすめ

中学校・高校の野球部に所属していて、審判に興味がある君におすすめ！

試験の傾向と対策

3級を取得するには、各都道府県の審判員組織が主催する3級認定講習に参加し、全日本野球協会アマチュア野球規則委員会が定めるガイドラインに沿ったメニューを受講することが必要。3級は1日の講習に参加することで取得可能。そのため、資格を取得するための対策は特に必要ないともいえるが、野球の複雑なルールは講習だけで修得するのは難しい。協会が発行する『野球審判員マニュアル』を読み込んで勉強しておくことも大切だ。

身につくスキルと活かし方

3級認定講習を受講し、修了することで、野球のルールとともに、審判として基本中の基本である構えや動作、選手のプレイの確認の仕方、投球されたボールの追い方などを理解することができる。

3級を取得すれば、都道府県大会の公式戦で審判を務めることができるようになり、次に2級、1級、国際へと段階を踏んでステップアップするための足がかりにもなる。経験を重ねれば国際ライセンスの取得も夢ではない。

取得までのプロセス

講習会で3級を取得した後は、3年程度経験を積めば2級への昇級試験に挑戦できる。2級以上は筆記試験と実技試験（講習会方式）が課される。1級の受験は2級取得後さらに3年程度の期間が必要なので、長期計画でプランを練ろう。

3級（都道府県大会の試合をジャッジ）
→ 2級（地区大会）
→ 1級（全国大会）
→ 国際（国際大会）

資格データ

■受講できる年齢　制限なし

■試験の区分
3級、2級、1級、国際

■試験の時期
都道府県により異なる

■主催
一般財団法人 全日本野球協会
https://www.baseballjapan.org/jpn/umpire/rulecommittee.html

バスケットボールの公式戦の審判ができる

JBA《ジェイビーエー》公認審判ライセンス

民

JBA（公益財団法人 日本バスケットボール協会）が認定するバスケットボールの審判員資格。E《イー》級、D《ディー》級、C《シー》級、B《ビー》級、A《エー》級、S《エス》級があり、E・D級は地区・連盟が主催する大会、C級は都道府県大会、B級はブロック大会、A級は全国大会、S級はトップリーグの試合を担当することができる。E級はJBAが実施している審判E級新規取得講習会（e《イー》ラーニング：受講想定時間120分）を受講し、修了すれば取得できる。都道府県協会が主催する審判D級新規取得講習会、審判C級新規取得講習会（いずれもeラーニングではなく集合研修）からスタートすることも可能だ。

資格データ

■受講できる年齢　12歳以上

■認定の区分

E級、D級、C級、B級、A級、S級

■講習の時期

5月受付開始、2月受付終了

■主催

公益財団法人

日本バスケットボール協会

http://www.japanbasketball.jp/referee/

こんな君におすすめ

バスケットボールが好きで、審判にも興味がある君におすすめ！

的確なジャッジでテニスの試合をコントロール
JTA《ジェイティーエー》公認審判員

民

テニスの審判員は、JTA（公益財団法人日本テニス協会）の資格認定制度によって、C級、B級、A級、国際に分類されている。C級を取得すると地域協会・都道府県協会が主催する大会で、チェアアンパイア（主審）、ラインアンパイア（線審）、ロービングアンパイア（試合を円滑に促す審判）を務めることができる。

C級の認定講習会は地域協会・都道府県協会の主催で実施されており、JTAのホームページでスケジュールが確認できる。講習会の中で行われる認定試験に合格すれば、資格取得。C級で経験を積みながら、次はB級をめざそう。

こんな君におすすめ

テニス部での経験を公式戦の審判として活かしたいなら！

資格データ

■受験できる年齢　制限なし
■試験の区分　C級、B級、A級、国際
■試験の時期　地域・都道府県により異なる
■主催　公益財団法人 日本テニス協会
https://www.jta-tennis.or.jp/

君もラグビー公式戦のピッチに立てる！
レフリー（ラグビー）

民

ラグビーのレフリーは公益財団法人日本ラグビーフットボール協会のレフリー資格認定によって、C級、B級、A2級、A1級、A級、女子A級に分類されている。スタートは都道府県協会が公認するC級から。各都道府県協会が開催する実技とルールテストに合格すれば取得でき、都道府県協会が主催する試合で笛を吹くことができるようになる。ラグビーのルールは複雑なので、対策としては競技規則を熟読してしっかりと頭に入れておくことがポイント。コートを走り回る体力も重要なので、体作りもしておこう。

こんな君におすすめ

ワールドカップ以来、ラグビーに夢中。選手は無理でもレフリーなら！という君に

資格データ

■受験できる年齢　制限なし
■試験の区分　C級、B級、A2級、A1級、A級、女子A級
■試験の時期　都道府県により異なる
■主催　公益財団法人 日本ラグビーフットボール協会
https://www.rugby-japan.jp/

モータースポーツの入門編的ライセンス

JAF《ジャフ》カート・ドライバー国内ライセンス 民

小中高生がチャレンジできるモータースポーツとして人気が高まっているカート。クローズドなど一部の競技会はライセンスがなくても出場できるが、15歳から取得できるカート国内B《ビー》ライセンスがあれば、より上位の競技会に参加することが可能だ。カート国内Bライセンスを取得するには、全国各地で開催されている講習会の受講が必要。受講するには、クローズド競技会への出場経験やコースでの走行経験などが必要となる。国内Bを取得後、競技会への出場を重ねれば国内A《エー》の取得も可能。こちらも15歳から取得できる。なお、8〜14歳対象のジュニアB、12〜14歳対象のジュニアAというカテゴリーもある。

資格データ

■受講できる年齢　カート国内B、Aは15歳以上
■認定の区分
カート国内B、A
■講習の時期
地域により異なる
■主催
一般社団法人 日本自動車連盟（JAF）
http://jaf-sports.jp/license/

こんな君におすすめ

モータースポーツが好き、カートでレースを楽しみたいという君に！

16歳でプロテスト受験、17歳でデビューができる

プロボクサー 民

プロボクサーとしてリングに立つためにはライセンスの取得が必須。初めてライセンスを取る選手の場合は、男子C《シー》級、男子B級、女子C級、女子B級の4種類。ただし、B級を受験するにはアマチュアボクシングでランキング10位以内相当の実績が必要なので、C級から受験するケースが圧倒的に多い。

C級プロテストを受験するには、まずボクシングジムに所属し、半年〜1年程度の密度の濃《こ》い練習を重ねることが必要。テストは基本的なルールの知識を測る筆記試験と2ラウンドのスパーリングを行う実技試験。合格してC級ライセンスを取得すれば4回戦でデビューすることができる。

資格データ

■受験できる年齢

16歳以上（試合は17歳以上）

■試験の区分

男子C級、男子B級、女子C級、女子B級

■試験の時期

不定期

■主催

一般財団法人 日本ボクシングコミッション

https://www.jbc.or.jp/

こんな君におすすめ

ボクシングが好きで、プロのリングに上がりたい君におすすめ！

プロのトーナメントに出場するための資格

プロゴルファー（T《ティー》P《ピー》）

民

PGA《ピージーエー》（公益財団法人 日本プロゴルフ協会）では、TP（トーナメントプレーヤー）とTCP《ティーシーピー》（ティチーチングプロ）の2種類のプロを認定している。このうちTPは16歳以上の男子であれば受験ができる。TPを認定するPGA資格認定プロテストは、5月のプレ予選、6月の1次プロテスト、7月の2次プロテスト、8~9月の最終プロテストの4段階で構成されており、最終プロテストを上位50位タイまでに通過すると、TPの認定を受けることができる。その後、クォリファイングトーナメント（QT《キューティー》）に出場し、上位の順位を獲得すると、トーナメントに出場する権利が得られる。

資格データ

■受験できる年齢　16 歳以上の男子

■試験の区分

なし

■試験の時期

5 ～ 8 月

■主催

公益社団法人 日本プロゴルフ協会
https://www.pga.or.jp/bl_protest/

こんな君におすすめ

トーナメントで活躍するゴルファーに憧《あこが》れている君におすすめ！

男女とも高校生プロが数多く活躍

プロボウラー 民

公益社団法人 日本プロボウリング協会が実施するプロテストは、男女とも当該《とうがい》年度に中学校卒業見込み以上の年齢であれば受験できる。ただし、在籍5年以上のプロボウラー2人から推薦を受けることが必要。推薦《すいせん》の条件として、ボウリング場や各種アマチュア団体の公認アベレージで、前年度に30ゲーム以上で男子は190アベレージ、女子は180アベレージが求められる。プロテストは4日間にわたる第1次テスト（実技テスト）、1次の通過者を対象とした2日間の第2次テスト（実技テスト）、2次の通過者を対象とした第3次テスト（筆記、面接、身体検査）の3段階。

資格データ

■受験できる年齢　中学校卒業見込みの者

■試験の区分

なし

■試験の時期

4～5月

■主催

公益社団法人 日本プロボウリング協会
https://www.jpba1.jp/protest/index.html

こんな君におすすめ

高校生プロボウラーとして活躍し、賞金を稼《かせ》ぎたいという君に！

柔道

初段、二段を目標に心技体《しんぎたい》を磨《みが》こう

民

公益財団法人 講道館が定める柔道の段位は初段〜十段。13歳以下を対象とした級位は7〜1級となっている。初段は14歳以上であれば受験できる。昇段試験は講道館の認可を受けて全国の各団体が実施しており、試合・柔道形の演舞・筆記試験の3つを総合した成績で判定されるのが基本（団体により異なる場合もある）。初段に合格すれば黒帯を締《し》めることができる。

中学生・高校生が現実的にめざせるのは二段まで。トップクラスの高校生なら三段も可能だ。日本代表クラスでも三〜五段というケースが多く、六段以上は指導実績や柔道界への貢献《こうけん》度なども問われるようになる。

こんな君におすすめ

中学校・高校の柔道部や町の道場に所属して、黒帯を目標に日々がんばっている君に！

試験の傾向と対策

柔道の昇段試験は、講道館によって原則は決められているものの、実施する団体によって内容や評価の基準は異なる。試験には試合審査、形審査、記述審査があるが、記述審査は行われないことも多いほか、試合審査を重視する団体、形審査を重視する団体もあるので、柔道部の先輩などに地元の団体の傾向をよく聞いておこう。初段を取得するまでの稽古《けいこ》期間は1年半以上。試合審査で累計《るいけい》5勝が必要とされる場合もあるので、実力がなければ通用しない。

身につくスキルと活かし方

初段、二段をめざして鍛錬《たんれん》を続けることによって、心技体を鍛《きた》えることができる。高校で二段を取得すればかなり強いといえるので、大会でも高い実績を上げることができるはずだ。都道府県大会でトップクラスの成績を残せば、高校・大学に進学する際にスポーツ推薦も期待できる。

また、将来、警察官をめざしているのであれば、柔道の段位は採用試験の際に加点の対象とされることが多い。警察学校でも柔道か剣道が必須なので必ず役に立つ。

取得までのプロセス

中学生ならまずは1級から。高校生は最初から初段をめざすことが多い。1年半ほど密度の濃い稽古《こ》をこなし、試合経験も重ねたら地元の昇段試験にチャレンジしよう。初段取得後、さらに実力がつけば、二段への昇段も見えてくる。

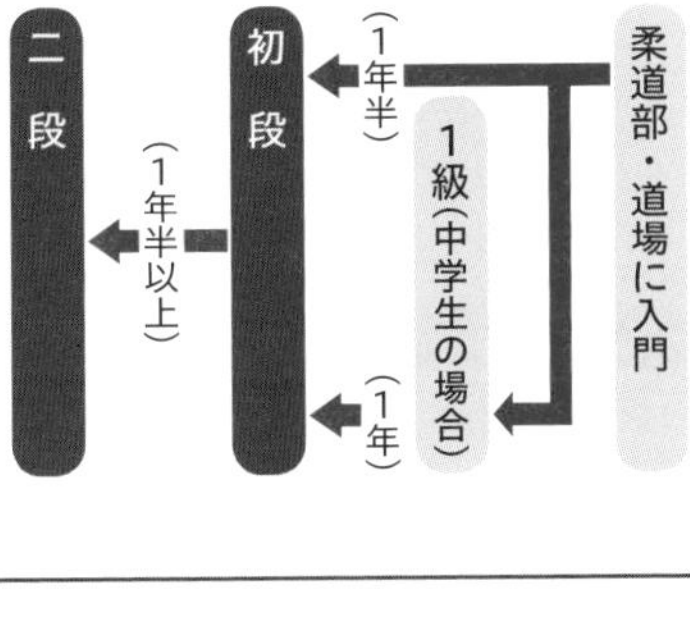

資格データ

■受験できる年齢　初段は満14歳以上
■試験の区分
7～1級、初段～十段
■試験の時期
都道府県により異なる
■主催
公益財団法人 講道館
http://kodokanjudoinstitute.org/activity/grade/

高校生で三段も十分めざせる

剣道

民

全日本剣道連盟が定める級位・段位には、3～1級、初段～八段、錬士《れんし》、教士《きょうし》、範士《はんし》がある。地域によっては子ども向けに4級以下を設けているところもある。

初段の昇級審査を受験するためには1級を取得していることが条件なので、例えば、中学校から剣道を始めた場合は、まずは1級からスタートすることになる。二段は初段取得後1年以上、三段は二段取得後2年以上経過していないと昇段審査を受けられないので、高校生の間にめざせる段位は最高でも三段。高校卒業後も剣道を続ければ、20代、30代で四段、五段を取得し、指導者として活躍する道も拓《ひら》ける。

こんな君におすすめ

日本の心を体現する剣道に興味があり、今からチャレンジしてみたいという君におすすめ！

試験の傾向と対策

1級の昇級審査には筆記試験はなく、地域により異なるが、実技審査と木刀を使った剣道基本技稽古《けいこ》法の審査が行われる。基本をしっかりと身につけ、身だしなみをきちんとし、大きな声を出せれば合格は難しくない。初段の昇段審査は、学科（筆記試験）と実技審査、日本剣道形の審査が行われる。こちらも1級同様、基本をしっかりと稽古して、当日元気に大きな声を出せれば大丈夫。学科も簡単な小論文などが多く、初段の合格率は8～9割といわれる。

身につくスキルと活かし方

段位を取得することで技術にも自信がつき、モチベーションを高くして稽古に励めば、実力も上がっていく。都道府県大会などで好成績を収めれば、高校・大学へのスポーツ推薦《すいせん》も狙える。さらに、剣道のメリットは、礼儀や姿勢がしっかりと身につくこと。大きな声を出す練習もしているので、面接などの場面で相手に好印象を与えられるようになる。将来、警察官をめざしているなら、剣道の有段者は採用試験の際、加点の対象になることも多い。

取得までのプロセス

中学校・高校の剣道部や町の剣道場に所属し、日々稽古に励み、試合の経験も重ねながら、1級、初段とめざしていこう。二段、三段と段位が上がるごとに合格率は下がっていくが（三段で4～5割）、諦《あきら》めずに挑戦することが大切だ。

1級（小学6年生以上）→ 初段（満13歳以上）→ 二段（初段受有から1年以上）→ 三段（二段受有から2年以上）

資格データ

■受験できる年齢　1級は小6以上、初段は満13歳以上

■試験の区分
3～1級、初段～八段、錬士、教士、範士

■試験の時期
地域により異なる

■主催
全日本剣道連盟
https://old2.kendo.or.jp/kendo/

高校に入ってから始める人も多い

空手道

民

公益財団法人 全日本空手道連盟が認定する級位・段位には、5～1級、少年段位の少年初段・少年2段、公認段位である初段～10段、称号としての錬士《れんし》、教士《きょうし》、範士《はんし》がある。ほかに、全国各地の加盟団体が独自に6級以下を設けているケースもある。

級位の昇級審査は誰でも受験可能。1級を取得したら段位にチャレンジできるが、満15歳未満の場合は少年初段をめざすことになる。公認段位の初段を受験するには、満15歳以上で、中学校を卒業し、1級を取得していることが必要。2段は初段取得後1年以上、3段は満18歳で2段取得後1年以上が条件なので、高校生は初段、2段が目標になる。

こんな君におすすめ

オリンピック競技としても注目の空手を今からでも始めてみたい！という君に

試験の傾向と対策

級位の審査は組手と型。5、4級は約束組手で審査されるが、3級以上は安全具を使った自由組手となる。組手の実戦経験を積んでおくことが重要だ。型も重要なポイントなので、学校の空手部や空手道場などで指導を仰《あお》ぎながら稽古《けいこ》を重ねよう。

初段も指定された型と自由組手による審査。2段からは型が2種類になる。なお、審査会を行う団体によって筆記試験が課《か》される場合もあるので、確認しておこう。

身につくスキルと活かし方

空手の厳しい稽古を日々重ねることによって、精神的にも肉体的にも自分を鍛《きた》えることができるのが空手の魅力《みりょく》。級位、段位が上がっていくほど文字通り強くなっていくので、自分に自信もつく。そのほか、あいさつなどの礼儀が自然と身につく、大きな声でハキハキ話せるようになるといったこともメリットだ。

都道府県大会などでトップクラスの実績を上げれば、大学などのスポーツ推薦《すいせん》を狙うこともできる。

取得までのプロセス

中学校に空手部は少ないため、高校生になってから初めて空手部に入る人は多い。まずは5級から受験し、稽古を重ねながら一つずつ上位の級をめざしていこう。1級を取得すれば、いよいよ段位に挑戦できる。初段取得で黒帯だ。

5級 ▶ 4級 ▶ 3級 ▶ 2級 ▶ 1級 ▶ 初段（満15歳以上） ▶ 2段（満15歳以上）

資格データ

■受験できる年齢　初段は満15歳以上

■試験の区分
5～1級、少年初段、少年2段、初段～10段、錬士、教士、範士

■試験の時期
都道府県により異なる

■主催
公益財団法人 全日本空手道連盟
https://www.jkf.ne.jp/

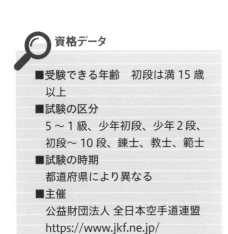

護身術として女性からの人気も高い

合気道

民

自分の体を巧《たく》みに捌《さば》いて相手の勢《いきお》いを利用して制する合気道は、試合を行わない「動く禅《ぜん》」ともいわれる武道。護身術としても人気があり、女性からの人気も高い。流派はいくつかあるが、公益財団法人 合気会では、五～壱《いっ》級、初段～四段の級位・段位が設けられている。

審査は入門した道場で行われ、五級は入門して30日以上稽古《けいこ》を積めば受験することができる。昇級・昇段審査でも他の武道のように実戦形式の実技試験はなく、形を披露《ひろう》する演武《えんぶ》で上達度を測る。初段は15歳以上で、入門から３００日以上稽古を重ねると受験することができる。

資格データ

■受験できる年齢　初段は 15 歳以上

■試験の区分

五～壱級、初段～四段

■試験の時期

3 月、5 月、7 月、10 月、12 月

■主催

公益財団法人 合気会

http://www.aikikai.or.jp/aikido/

こんな君におすすめ

武道を始めたいけど激しいボディコンタクトは苦手で…という君に！

修行を通して社会に役立つ人を育てる

少林寺拳法®

民

少林寺拳法は、北少林義和門拳第21代正統継承者の宗道臣《そうどうしん》が戦後日本で創始した新興《しんこう》武道。少林寺拳法グループは、一般社団法人 SHORINJI《ショーリンジ》 KEMPO《ケンポー》 UNITY《ユニティー》、金剛禅総本山少林寺、一般財団法人 少林寺拳法連盟、学校法人禅林学園、少林寺拳法世界連合で構成されており、それぞれの傘下《さんか》にある道院、支部などの在籍者が資格制度の対象。資格は、少林寺拳法の教えと技法の修得度を示す武階《ぶかい》と、金剛禅の修行法に基づく修養度と教えの実践《じっせん》度を表す法階《ほうかい》があり、「準拳士 初段（準拳士が法階、初段が武階）」のように称される。審査はレポート審査・技術審査・学科審査・口述審査などによって行われる。

資格データ

■**受験できる年齢**　制限なし

■**試験の区分**
武階は８～１級、初段～九段

■**試験の時期**
地域により異なる

■**主催**
一般社団法人 SHORINJI KEMPO UNITY
https://www.shorinjikempo.or.jp/unity/

こんな君におすすめ

武術の修練を通して精神修養もめざしたいという君におすすめ！

技術だけでなく品格も問われる
弓道 民

公益財団法人 全日本弓道連盟が定める弓道の級位・段位には、5～1級、初段～十段があり、さらに熟達者を示す錬《れん》士《し》、教士《きょうし》、範士《はんし》の称号がある。級・段の受験者は無指定、初段審査の2つから選択し、無指定の場合は、審査の結果ふさわしい級・段に認定される。審査の内容は実技試験と学科試験。実技では2本の矢を射《い》る。矢が的中したかどうかだけでなく、品格ある身のこなしなども重要な審査ポイント。学科は弓道教本に沿った内容が出題されるので、しっかり勉強しておこう。

こんな君におすすめ

弓道有段者の凛としたした姿に憧れる！という君はぜひチャレンジを

資格データ

■受験できる年齢　制限なし
■試験の区分　5～1級、初段～十段、錬士、教士、範士
■試験の時期　地域・都道府県により異なる
■主催　公益財団法人 全日本弓道連盟
https://www.kyudo.jp/

年齢・性別を問わず気軽に楽しめる
アーチェリー 民

自分の体力や腕力に合った道具を使えば、子どもでも女性でも気軽に楽しむことができるアーチェリー。競技には、アウトドア、インドア、フィールドがあり、公益社団法人 全日本アーチェリー連盟では、部門ごとに大会での記録に応じてスターバッジを交付している。

初心者の目標は全部門共通のグリーンバッジ。このバッジは各種大会の参加資格にもなるので、まずは取得しておきたい。アウトドア、インドアの最高位はパープルバッジ、フィールドの最高位はゴールドバッジだ。

こんな君におすすめ

何か人とは違ったスポーツを気軽に楽しみたいという君におすすめ！

資格データ

■受験できる年齢　制限なし
■試験の区分　各種あり
■試験の時期　競技会により異なる
■主催　公益社団法人 全日本アーチェリー連盟
http://www.archery.or.jp/

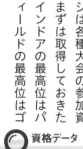

伝統的に女性からの人気が高い武術
なぎなた 民

薙刀《なぎなた》は鎌倉・室町時代に歩兵や僧兵の武器として使われており、その後、さまざまな薙刀術が発展。現代になり、全日本なぎなた連盟が複数あった薙刀術流派を統合し、競技としてのなぎなたを確立した。

江戸時代には女性のための武芸として普及した歴史があり、現代でも女子からの人気が高い。

級位・段位は10～1級、初段～五段があり、その上に錬士、教士、範士が設けられている。級位の審査は実技のみ、段位の審査は実技と学科が課《か》される。

資格データ

■受験できる年齢　制限なし
■試験の区分　10～1級、初段～五段、錬士、教士、範士
■試験の時期　実施団体により異なる
■主催　公益財団法人 全日本なぎなた連盟
https://naginata.jp/

こんな君におすすめ

伝統的な武術に興味があり、「なぎなた女子」に憧れている君に！

中高生、大学生、社会人、女子などに段位を認定
アマチュア相撲 民

プロである大相撲とは別の社会人大会、大学生大会、高校生大会、中学生大会、女子大会などを管轄《かんかつ》する公益財団法人 全日本相撲連盟では、段位の認定を行っている。段位には初段～十段があり、初段は入門から半年以上、二段は初段取得後半年以上、三段は二段取得後1年以上で、審査を受ける資格が得られる。

初段～四段は都道府県の相撲連盟などの支部が審査を行う。このほか、中学生男子は県内大会で個人3位以内に入賞すれば初段に認定するなど、大会での実績に応じた段位認定も行われている。

資格データ

■受験できる年齢　制限なし
■試験の区分　初段～十段
■試験の時期　年2回
■主催　公益社団法人 全日本相撲連盟
http://www.nihonsumo-renmei.jp/

こんな君におすすめ

日々稽古《けいこ》を重ねている相撲の実力を段位で証明したい君に！

C《シー》カード

スクーバダイビングを楽しむために必要な認定証

民

世界最大のスクーバダイビング教育機関であるPADI《パディ》が発行する認定証。PADI認定スクールでPADIオープン・ウォーター・ダイバー・コースを受講し、修了すると発行される。受講は15歳以上であることが条件。コースはプールダイブ、知識開発（学科講習）、海洋ダイブで構成されており、ダイビングの技術を習得するとともに、潜水計画、海の状況の判断、トラブルの回避《かいひ》などについても学ぶ。

Cカードがあれば、インストラクターなどの監督者なしでも、バディ（一緒に潜る仲間）と組んでトレーニングで経験した範囲内でダイビングを楽しむことができるようになる。

資格データ

■受講できる年齢　15歳以上

■コースの区分

各種ランクがある

■講習の時期

実施団体により異なる

■主催

PADIジャパン

https://www.padi.co.jp/

こんな君におすすめ

海が大好きでマリンスポーツに興味がある！という君におすすめ

海やプールで危険防止・人命救助に尽力《じんりょく》する

ライフセーバー 民

海水浴場やプールなど水辺での人命救助や事故防止を担うライフセーバー。公益財団法人 日本ライフセービング協会では、ライフセーバーに必要な知識・スキルについて各種コースを開講している。水辺で自身を守る術を学ぶウォーターセーフティ講習会、救急蘇生《そせい》法などを学ぶBLS《ビーエルエス》（※CPR《シーピーアール》＋AED《エーイーディー》）講習会を修了し、ベーシック・サーフライフセービング講習会を修了すると、認定ライフセーバーの資格を与えられる。上位のアドバンス・サーフライフセービング講習会は16歳から受講できる。

※
CPR
…心肺蘇生法
AED
…自動体外式除細動器

こんな君におすすめ

得意の水泳を活かして人命救助などで活躍したいという君に！

資格データ

■受講できる年齢　15歳以上（中学生は除く）
■認定の区分　認定ライフセーバーなど
■講習の時期　地域・都道府県により異なる
■主催　公益財団法人 日本ライフセービング協会
https://jla-lifesaving.or.jp/

趣味のサーフィンテクニックを検定で力試し

サーフィン検定 民

オリンピック競技にも採用され、中高生からの注目度も高まっているサーフィン。

その技術を認定するのがサーフィン検定だ。検定試験は随時《ずいじ》、全国各地で開催されており、事前申し込みをしなくても当日会場に行って申し込めば受講できる。試験の区分は5～1級。5級は誰でも受験することができ、パドリングをしてゲッティングアウトする、テイクオフしてある程度サーフボードの上に立つ、ボディボードならキッキングを使ってテイクオフし、ある程度ライディングするといった基本的な技術があれば合格できる。

こんな君におすすめ

今からサーフィンを始めてみたいと思っている君は要注目！

資格データ

■受験できる年齢　制限なし
■試験の区分　5～1級
■試験の時期　都道府県により異なる
■主催　一般社団法人 日本サーフィン連盟
https://www.nsa-surf.org/license/

将棋

段位・級位が実力を証明する世界で腕試し

民

２０１６年10月、史上最年少でプロ棋士となった藤井聡太さんの活躍で小中高生の間でも人気が高まってきている将棋。公益社団法人 日本将棋連盟は、「プロ棋士」「女流棋士」「アマチュア」の３カテゴリーで、級位・段位を認定している。プロ棋士は最高位が九段。四段以上がプロ棋士とされ、三段～６級は養成機関の奨励会《しょうれい》に所属し、日々リーグ戦を戦ってプロをめざす。満21歳までに初段、満23歳の三段リーグ終了までに四段に昇段できないと強制的に退会となる厳しい世界だ。女流は６段～２級までがプロ。研修会でプロをめざすのが女流３級。アマチュアは原則として最高位が六段。以下、10級までがある。

こんな君におすすめ

スマホのゲームで将棋を楽しんでいるけど、公式な場で腕試しをしてみたいという君に！

試験の傾向と対策

ここではアマチュアのカテゴリーに絞《しぼ》って解説する。

アマチュアの認定方法は、将棋会館道場での対局、将棋大会での入賞、将棋普及指導員による認定、雑誌『将棋世界』の昇段コースやCS《シーエス》放送『囲碁・将棋チャンネル』、NHK《エヌエイチケー》テキスト、新聞の認定問題、インターネットの将棋アプリでの対局など、複数の方法がある。

対局経験と研究を重ね、棋力を磨《みが》いていけば、短期間で級位・段位を上げることも可能だ。

身につくスキルと活かし方

昇級・昇段を目標に努力を続けることで将棋が強くなることはもちろんだが、身につく力はそれだけではない。集中力や判断力、決断力、忍耐力、考え抜く力、礼儀やマナー、さらに負けを受け入れる強さなども養《やしな》われ、将棋以外の日々の生活や学校の勉強にも大きな影響があるはずだ。

さらに将棋は年代が上の人とのコミュニケーションツールにもなる。学校や部活だけでは触《ふ》れ合うことのできない人たちとの交流が広がることも10代にとってはプラスだ。

取得までのプロセス

まずはアマチュアの級位・段位に対応した将棋アプリなどで対局経験を積めば、自分の実力がどの程度かはつかめるはず。「学校のクラスでは一番！」と自信を持っていても、10級でまったく歯が立たないということもある。下位級からじっくり取り組もう。

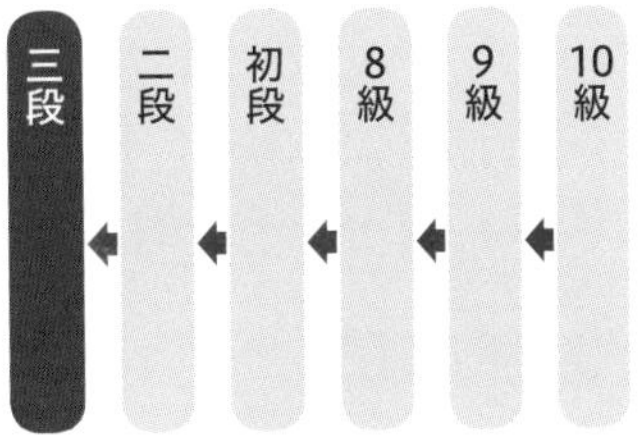

※アマチュア三～五段がプロの級相当

資格データ

■受験できる年齢　アマチュアは制限なし、奨励会入門は19歳以下

■試験の区分

アマチュアは 10 ～ 1 級、初段～六段

■試験の時期

随時

■主催

公益社団法人 日本将棋連盟

https://www.shogi.or.jp/

囲碁

腕を磨《みが》いて世界中の人とネットで対戦！

民

囲碁は年齢・性別を問わず楽しめるゲーム。海外でも韓国や中国はもちろんヨーロッパなどでも人気が広がっている。

日本棋院では、プロ、アマチュアそれぞれの級位・段位を認定している。プロは初段〜九段で、初段の下は日本棋院、関西棋院でプロをめざして修行する院生。この院生がプロ採用試験に合格すると、初段となるが、例年5人ほどという狭き門だ。

アマチュアは25〜1級、初段〜八段があり、日本棋院が免状を発行している。日本棋院会員であることが免状取得の条件で、六段以上になると、「日本棋院会員」「日本棋院普及指導員」「県師範」「公認審判員」の資格が与えられる。

こんな君におすすめ

自分は将棋よりも、大局《たいきょく》を見ながら陣地を広げる面白さがある囲碁向きだという君に！

試験の傾向と対策

日本棋院からアマチュア級位・段位の免状を受けるには、いくつかの方法がある。日本棋院が主催・共催・後援する大会で所定の成績を収める、雑誌・新聞・インターネットなどが実施する認定試験に合格する、囲碁通信講座の受講生として認定試験に合格するといった方法のほか、ネット対局『幽玄の間』のレーティングでも級位・段位を申請《しんせい》できる。また、プロ棋士や日本棋院の支部長による推薦によっても申請できるので、自分に合った方法を考えよう。

身につくスキルと活かし方

囲碁は、将棋と同様、思考力や集中力、判断力、忍耐力などを養《やしな》うのに適したゲーム。また、目先の石の取り合いにとらわれずに全体を見渡す大局観も養うことができる。

アマチュアとして級位・段位を上げていけば、狭き門ではあるがプロ棋士に挑戦するチャンスも見えてくる。なお、日本棋院の院生になるには14歳までという年齢制限があるが、外来として棋士採用試験を受ける道もある。その場合も、23歳未満という年齢制限が設けられている。

取得までのプロセス

初心者の間はインターネットの囲碁アプリや町の碁会所、囲碁カフェ、学校の囲碁部などで、対局経験を重ねよう。碁会所などでは独自の段位・級位を認定している場合もあるが、力がついてきたら、公式な段位・級位にも挑戦しよう。

25級 → 24級 → 初段 → 六段（審判員資格などが得られる） → 七段 → 八段（アマチュア最高位）

資格データ

■受験できる年齢　アマチュアは制限なし、院生として入門できるのは 14 歳を迎える年度まで

■試験の区分
アマチュアは 25 ～ 1 級、初段～八段

■試験の時期
随時

■主催
日本棋院
https://www.nihonkiin.or.jp/

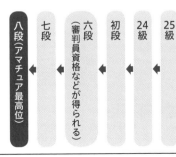

トップクラスのチェス棋士は国際大会でも活躍

チェス

民

ヨーロッパをはじめ世界150カ国以上で楽しまれているチェスにも段位が設けられている。JCA《ジェイシーエー》（日本チェス協会）が定める国内段位には、初段〜十段がある。

認定方法には、JCAの基準に基づいたのレイティング（等級分け）に対応した段位を申請する、同段者による総当たり戦の昇段競技会に優勝する、JCAが実施する昇段試験、会長・チャンピオン経験者等による推薦などがある。公式競技に参加し、レイティングを得るには日本チェス協会への入会が必要だが、チェスに興味があり、常識的なマナーやルールが守れる人であれば、年齢に関係なく誰でも入会することができる。

資格データ

■受験できる年齢　制限なし

■試験の区分

初段〜十段

■試験の時期

随時

■主催

日本チェス協会

http://www.jca-chess.com/

こんな君におすすめ

海外の人とも遊べるゲームをマスターしたいという君に！

腕を磨《みが》けば世界大会出場も夢じゃない

オセロ

民

オセロは小中高生を含め誰もが楽しんだことがある日本生まれのボードゲーム。競技人口も約6000万人と非常に多く、世界選手権、全日本選手権、名人戦、王座戦、全国各地のブロック大会などが多数開催されている。

一般社団法人 日本オセロ連盟は、そんなオセロの競技者を段級位認定している。級位は7~1級、段位は初段~十段。昇段・昇級は試験ではなく大会での成績によって決められる。例えば、全日本選手権無差別の部で2勝すれば二段、女子の部で3勝すれば1級といった具合だ。そのため、上位の級・段を取得するには、とにかく腕を磨いて勝つことが重要になる。

資格データ

■受験できる年齢　制限なし
■試験の区分
7～1級、初段～十段
■試験の時期
随時
■主催
一般社団法人 日本オセロ連盟
https://www.othello.gr.jp/

こんな君におすすめ

子どもの頃から楽しんでいるオセロを極めてみたいという君に！

実は段位・級位の認定制度がある！

卓球

民

競技をしていない人にはあまり馴染《なじ》みがないが、実は卓球にも段位・級位がある。

公益財団法人 日本卓球協会は5〜1級、初段〜10段を認定。5・4級は実技審査。5級は打法を問わず20球ラリーを続けられれば合格。4級は2種類の打法で40球続けられれば合格だ。3級以上は所定の大会への出場や成績で級や段が決まる。全日本選手権や国体、全日本クラブ選手権などに出場すれば初段、これらの大会で2勝したら2段、3〜4勝したら3段に認定される。全日本選手権に優勝すれば7段、世界選手権に優勝すればば9段、オリンピック優勝なら10段だ。

資格データ

■受験できる年齢　制限なし
■試験の区分
5〜1級、初段〜10段
■試験の時期
実施団体により異なる
■主催
公益財団法人 日本卓球協会
http://www.jtta.or.jp/

こんな君におすすめ

卓球が趣味で結構腕に自信があるという君におすすめ！

けん玉

「一回転飛行機」などの大技を決めて有段者に！

民

公益社団法人 日本けん玉協会は、けん玉の技術を級位・段位認定している。

10～1級、準初段、初段～十段があり、けん玉教室などが実施する審査会で指定された技を指定された回数成功させれば合格となる。例えば、1級は「日本一周」3回、「世界一周」2回、「灯台」1回、「もしかめ」50回を成功させると合格。

級位の審査は種目数が少ないが、段位の審査は技の難易度も種目数・回数も上がっていく。

日本けん玉協会のホームページに級・段ごとに指定された技の一覧が掲載されているので、練習してみよう。

資格データ

■受験できる年齢　制限なし

■試験の区分

10～1級、準初段、初段～十段

■試験の時期

団体により異なる

■主催

公益社団法人 日本けん玉協会

https://kendama.or.jp/

こんな君におすすめ

何か特技といえるものを身につけたいと思っている君にぴったり！

資格ほっとタイム

資格・検定は学校の勉強にも役に立つ！

基礎学力がアップする資格で苦手科目をなくそう

数学が苦手なら数検、英語が苦手なら英検

苦手科目があるという中学生・高校生は多いはずだ。そんな苦手科目克服法として、高校生なら中学生時代の、中学生なら小学生時代の教科書に立ち返って復習しようとよくいわれる。

しかし、そうはいわれても、どこまでさかのぼって復習すればいいのかが自分ではよくわからないし、昔の教科書を勉強し直しても試験があるわけでもないので克服できたのかどうかもよくわからない。そこで活用したいのが苦手科目と同じ分野の検定試験。具体的には、数学が苦手なら実用数学技能検定（数検）、英語なら英検、理科なら理科検定、社会なら歴史能力検定や地図地理検定などだ。

一番下の級から順番に受験していこう

これらの検定は、一番下の級が小学生レベルや中学生レベルに設定されていることが多いので、まずは下から順に受験していけば、自分がどの段階まで理解できていて、どこからわからなくなったのかがクリアになる。そのうえで、不合格だった級についてはテキストなどでしっかり勉強しよう。一つひとつ上の級に合格していけば、苦手克服の途中経過も目に見えるかたちで理解できる。「苦手科目がある」という君はさっそく該当《がいとう》する検定にチャレンジ！

6章

知識が深められる資格

高校生も多数受験している！

秘書検定

民

秘書として上司のサポートをするうえで必要となるマナーや接遇、職場の常識、仕事の進め方などの知識・技能を測る検定試験。正しい敬語の使い方、ビジネス文書の作成、スケジュール管理、会議の進め方、上司の仕事や経営に関する理解など、秘書に限らず大切な社会人としての基礎が身につくため、秘書志望者以外や男性の受験も多数。高校生の受験も多い。

3級、2級、準1級、1級があり、基礎的な内容の3・2級はテキストや問題集でしっかり対策すれば、高校生でも十分合格できるレベル。知名度の高い資格なので、就職の際に履歴書《りれきしょ》に書けばアピール材料の一つになる。

資格データ

■受験できる年齢　制限なし

■試験の区分

3級、2級、準1級、1級

■試験の時期

6月、11月、2月

■主催

公益財団法人 実務技能検定協会
https://jitsumu-kentei.jp/HS/index

こんな君におすすめ

一足早く、社会人に求められるビジネスの基礎を身につけたい君に！

文章でコミュニケーションする力を総合的に判定

文章読解・作成能力検定（文章検）

民

文章の構成を把握して書き手が言いたいことを読み解く力や、論理的でわかりやすい文章を作成する力など、文章によるコミュニケーション力を測る検定試験。略称は「文章検」。

現在実施されているのは4級、3級、準2級、2級。出題内容は、「語彙《ごい》」「文法」「資料分析」「文章読解」「通信文や意見文・論説文」の作成など。試験では、実際に数百字の文章を作成するので（級が上がるほど文字数は増える）、普段から文章を書くトレーニングをしっかりと重ねておくことが合格の秘訣《ひけつ》だ。身につけた力は、高校・大学受験の国語や小論文、社会に出てからのビジネス文書作成などさまざまな場面で活かせる。

資格データ

■受験できる年齢　制限なし

■試験の区分

4級、3級、準2級、2級

■試験の時期

個人受験は2月

■主催

公益財団法人 日本漢字能力検定協会

https://www.kanken.or.jp/bunshouken/

こんな君におすすめ

論理的な文章を書けるようになりたい！と考えている君におすすめ

簿記能力検定

合格すれば入試や就職の際のアピール材料に

民

会社の経営に伴《ともな》うお金やものの出入りを記録・計算・整理する「簿記」に関する知識・能力を測る検定試験。試験区分は基礎簿記会計、3級、2級、1級、上級。基礎簿記会計は簿記を学ぶ人にとっての入門編的な内容で、3級は仕入れたものを販売する会社などが対象の商業簿記が試験範囲。2級以上は材料を購入して製品を作る製造業が対象の工業簿記が加わる。

代表的な簿記の検定試験にはほかに「日商《にっしょう》簿記」「全商《ぜんしょう》簿記」があり、簿記能力検定は「全経《ぜんけい》簿記」と呼ばれる。社会人向けの日商、商業高校の生徒向けの全商に対して、全経は専門学校生の受験が多く、高校生にとっては、日商より取り組みやすい。

こんな君におすすめ

将来就職するとき、役立つ武器として簿記の知識を身につけておきたいという君に！

試験の傾向と対策

簿記を初めて学ぶ高校生にとってまず目標となる3級の試験では、商店や中小企業の経理に必要となる仕訳《しわけ》や管理、決算などに関して出題される。初心者でも3カ月程度真剣に勉強すれば合格することは十分可能。初心者向けの参考書、NHK《エヌエイチケー》の高校講座、通信教育、民間スクールの対策講座などを活用して基礎から着実に勉強していこう。最初は「仕訳」「勘定《かんじょう》」など簿記独特の用語に苦労するかもしれないが、慣れてくれば学習効率も上がってくるはずだ。

身につくスキルと活かし方

級に応じて会社の経理業務に必要な簿記・会計の知識・スキルが身につく。経理の基礎がわかっていることのアピール材料になるので、就職の際には有利だ。また、大学・短大のAO《エーオー》・推薦入試では、全経簿記を取得していることが加点の対象となったり、出願資格となっていたりすることも。日商簿記検定、税理士、公認会計士などの資格・検定に挑戦する際にも全経簿記の知識は足がかりになる。なお、上級合格で税理士試験の受験資格が得られる。

取得までのプロセス

初心者はまず基礎簿記会計から。高校生でも3カ月程度の勉強で3級合格は十分可能。そこからさらに3カ月で2級もめざせる。1級はそこからさらに半年〜1年程度の勉強が必要。上級は難関なので、高校卒業後の合格を目標にしよう。

基礎簿記会計
→（3カ月程度の勉強）
3級
→（3カ月）
2級
→（半年〜1年）
1級
→（1年半〜2年）
上級

資格データ

■受験できる年齢　制限なし

■試験の区分

基礎、3級、2級、1級、上級

■試験の時期

5月、7月、11月、2月

■主催

公益社団法人 全国経理教育協会
http://www.zenkei.or.jp/exam/bookkeeping

知識検定

政治・経済からカルチャーまで幅広い知識を問う

民

社会、生活、カルチャーなど幅広い領域《りょういき》を対象に知識の有無を測る検定試験。出題される分野は「ことば」「地理・歴史」「政治・経済」「社会」「国際」「自然科学」「生活」「スポーツ」「芸術」「カルチャー」。美容、エンターテインメントなど学校で習うこと以外の知識も問われるのが大きな特徴だ。試験区分は中学生程度を対象とした2級と、大学生程度を対象とした1級がある。幅広い知識は発想力を高めるほかコミュニケーションにも役立つが、スポーツやカルチャーにまで範囲を広げると自分にどれだけの知識があるのかはわかりづらいもの。この検定を受験すれば、客観《きゃっかん》的な指標《しひょう》になるはずだ。

資格データ

■受験できる年齢　制限なし

■試験の区分

2級、1級

■試験の時期

2月

■主催

一般社団法人 日本ジェネラルナレッジ協会

https://www.kentei-uketsuke.com/knowledge/

こんな君におすすめ

「もの知り」であることをアピール材料にしたいなら、ぜひ受験しよう

時事問題に精通《せいつう》していることをアピールできる

ニュース時事能力検定試験（N《エヌ》検）

民

日々報道されるニュースを読み解き、活用する力を認定する検定試験。通称は「N検」。小学生から社会人までを幅広く対象とした検定で、レベル別に5〜3級、準2級、2級、1級が設けられている。中学生なら5〜準2級、高校生なら4〜2級が目標だ。5〜2級は約6割が前年までのニュースをまとめた最新の公式テキストから出題されるが、検定日1カ月前までのニュースからの出題もあるので、毎日ニュースをしっかりとチェックしておくことが対策の一つ。大学・短大のAO《エーオー》・推薦入試でアピール材料になるほか、時事問題が取り上げられることが多い小論文試験対策としても有効だ。

資格データ

■受験できる年齢　制限なし

■試験の区分
5〜3級、準2級、2級、1級

■試験の時期
6月、9月、11月、2月

■主催
日本ニュース時事能力検定協会など
https://www.newskentei.jp/

こんな君におすすめ

入試対策も兼《か》ねて時事問題に強くなりたいという君におすすめ！

野菜や果物に関する幅広い知識をアピールできる

野菜ソムリエ

民

旬・鮮度・おいしさを見極めて野菜・果物を選ぶ力や、野菜・果物の栄養に関する知識、素材に合わせた調理法などの知識・能力を持ち、生産者と消費者の架《か》け橋として活躍できる野菜ソムリエを認定する資格。

やさしい順に「野菜ソムリエ」「野菜ソムリエプロ」「野菜ソムリエ上級プロ」の3段階の資格があり、それぞれ養成講座を受講し、課題を提出して修了試験に合格すると認定を受けることができる。養成講座には通学と通信があり、通学講座は全国各地で開講されている。野菜ソムリエ養成講座（通学）の場合は週1回、2～3日の通学で修了が可能だ。

こんな君におすすめ

野菜や果物が大好きでもっと詳《くわ》しくなりたいという君にぴったりの資格

試験の傾向と対策

野菜ソムリエコースは、グループワークで野菜ソムリエの役割について考え、コミュニケーションを養《やしな》う「ベジフルコミュニケーション」、野菜・果物の生産・流通の仕組み、品種や良品の見分け方、保存方法などを学ぶ「ベジフル入門①〜③」、野菜・果物の栄養や健康について学ぶ「ベジフルサイエンス①・②」、品種の特長を活かしたレシピや調理法を学ぶ「ベジフルクッカリー」の7科目。講座の内容をしっかりと理解すれば修了試験合格は難しくない。

身につくスキルと活かし方

野菜・果物の品種やそれぞれの旬、栄養、日々の料理への採り入れ方などの幅広く専門的な知識、さらに野菜の魅《み》力《りょく》を世の中に発信する力が養われる。

学んだ知識は、家庭での日々の食生活を充実させ、家族の健康増進に役立てられるほか、飲食店のレシピ・商品開発、青果店・飲食店のスタッフ、料理教室や野菜関連のセミナー講師として活かすことも可能。テレビや雑誌などで野菜の魅力を伝える専門家として活躍する道もある。

取得までのプロセス

初心者が受講する場合は、野菜ソムリエ養成講座から。もっと学んでみたいと思ったら、進学野菜ソムリエプロコースに進んで学びを深めていこう。上級プロコースはプロに合格していることが受講の条件となる。

野菜ソムリエコース受講
↓
野菜ソムリエ取得
↓
進学野菜ソムリエプロコース受講
↓
野菜ソムリエプロ取得
↓
野菜ソムリエ上級プロコース受講
↓
野菜ソムリエ上級プロ取得

資格データ

■受講できる年齢　制限なし

■認定の区分

野菜ソムリエ、野菜ソムリエプロ、野菜ソムリエ上級プロ

■講習の時期

随時

■主催

一般社団法人 日本野菜ソムリエ協会

https://www.vege-fru.com/

奥深い紅茶の世界を熟知《じゅくち》した専門家を認定

ティーインストラクター

民

紅茶には数多くの種類があり、同じ種類の紅茶でも生産地や収穫時期によって味に違いが生まれる。また、紅茶を楽しむためには正しい淹《い》れ方に関する知識と技術、テーブルコーディネートなどの知識なども求められる。ティーインストラクターは、このような紅茶に関する高度な知識を持ち、紅茶セミナーなどで一般の人々に紅茶の淹れ方などを指導する専門家を日本紅茶協会が認定する資格。資格にはジュニア、シニア、マスターの3種類があり、ジュニアを取得するためには、協会が主催する「ティーインストラクター養成講座（4月〜12月／33単位）」を9カ月間にわたって受講することが必要となる。

こんな君におすすめ

紅茶の奥深い世界をもっと究めたいと思っている、紅茶大好きの君におすすめの資格

試験の傾向と対策

講座では、お茶の歴史・文化、紅茶の種類などに関する知識を学ぶと同時に、講師として必要とされる講習会の手順、紅茶製造やティーテイスティング、正しい淹れ方と楽しみ方を実習で修得する。講座の内容に応じて前期と後期の期末に資格認定試験が行われる。試験は（a）学科試験、（b）産地別紅茶判別試験、（c）正しい紅茶の淹れ方・扱い方、およびバリエーションの指導実務試験の3分野。講座でしっかりと学んでいれば合格できる内容だ。

身につくスキルと活かし方

紅茶セミナーのインストラクターを養成することが目的の資格なので、人に指導できるレベルの紅茶の専門的な知識・スキルが身につく。

その知識は自分自身で紅茶を楽しむ際に役立つほか、紅茶専門店や喫茶店で働く際にも活かすことができる。もちろん資格を活かして自宅で紅茶教室を開くこともできる。10代で取得する例は稀なので、他人にはまねのできない特技としてさまざまな場面でアピール材料にもなる。

取得までのプロセス

初心者からスタートしてジュニアを取得後、5年以上の実務経験を重ね、協会に認められるとシニアの資格試験を受けられる。シニア合格後、さらに10年以上の実務経験を重ね、協会に認められるとマスターとなることができる。

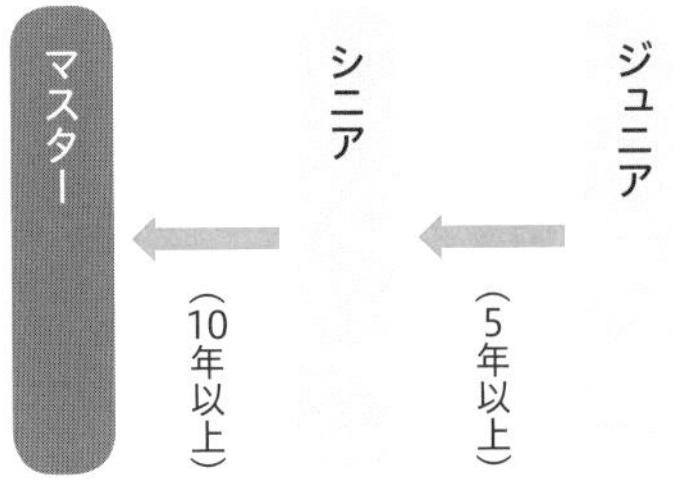

資格データ

■受講できる年齢　制限なし
■認定の区分
ジュニア、シニア、マスター
■講習の時期
4月〜12月
■主催
日本紅茶協会
http://www.tea-a.gr.jp/

香りのスペシャリストを認定する資格

アロマテラピー検定

民

　アロマテラピーとは、植物の花、葉、果皮《かひ》などから抽出《ちゅうしゅつ》した精油《せいゆ》（エッセンシャルオイル）を使って、心身をリラックスさせ、健康や美容を増進する自然療法のこと。ラベンダー、ローズマリー、ペパーミントなどが精油の代表的な例だ。

　そのアロマテラピーを正しく日々の生活に活用するための知識を認定するのがアロマテラピー検定。2級と1級があり、どちらからでも受験できる（同時受験も可能）。試験では精油の種類、アロマテラピーのメカニズムや美容・健康との関係、関連する法律や安全性、アロマテラピーの歴史などの知識が問われるほか、香りを嗅《か》いで精油名を当てるテストなども行われる。

資格データ

■受験できる年齢　制限なし

■試験の区分

2級、1級

■試験の時期

5月、11月

■主催

公益社団法人 日本アロマ環境協会（AEAJ）
https://www.aromakankyo.or.jp/licences/aroma/

こんな君におすすめ

生活の中にアロマテラピーを取り入れたいと思っている君に！

ハーブに関する基本的な知識を認定

PAH《ピーエーエイチ》（プロフェッショナル・アドバイザー・オブ・ハーブ）

民

ハーブとは、料理や薬、保存料などに使われる香草のこと。ラベンダー、レモングラス、ローズ、ローズマリー、フェンネル、マリーゴールドなどさまざまな種類がある。そのハーブの種類や使い方に関する知識を認定する資格がＰＡＨ（プロフェッショナル・アドバイザー・オブ・ハーブ）。

試験では、選定された25種類のハーブに関する各論、ハーブが使われているさまざまな領域《りょういき》、ハーブティーやエッセンシャルオイル、ハーブに関する法律や安全な扱い方などに関して出題される。身につけた知識は、自分自身でハーブを楽しんだり、家族や友人にアドバイスしたりする際に活かすことができる。

資格データ

■受験できる年齢　制限なし

■試験の区分

なし

■試験の時期

春と秋の年２回

■主催

NPO 法人 日本ハーブ振興協会

https://www.npo-nha.jp/

こんな君におすすめ

ハーブティーやハーブを使った料理が大好き！という君に

森や公園に育つ樹木の名前を散策《さんさく》しながら覚える

子ども樹木博士

民

子ども樹木博士は、小中高生などがさまざまな樹木を観察して名前を覚え、森林に親しむためのプログラム。

一般社団法人 全国森林レクリエーション協会がガイドラインを定め、自治体、学校、NPO《エヌピーオー》など全国のさまざまな団体・個人がそれぞれに実施する。樹木に詳《くわ》しいインストラクターの案内で森や公園緑地を散策し（樹木ツアー）、その後、樹種の標本を見て樹木の名前の識別する試験を行う。試験の結果は識別できた樹木の数に応じて判定。

対象は実施団体によって異なるが、小中学生や親子を主な対象としていることが多い。

資格データ

■参加できる年齢　実施団体による

■試験の区分

10～1級、初段～4段

■試験の時期

実施団体による

■主催

一般社団法人

全国森林レクリエーション協会

http://www.shinrinreku.jp/kodomo-n/main.html

こんな君におすすめ

自然環境に興味があり、樹木や森のことをもっと知りたいという君に！

将来、環境関連の仕事に就《つ》くためのステップになる

環境管理士

民

環境問題や環境に関連する法律、生活における環境への負荷《ふか》、公害防止・環境保全に関する政策など、環境管理に関する基本から専門に至る知識を認定する検定試験。

小学校高学年・中学生程度の環境知識を認定する6級から環境管理の専門家としての実務能力を認定する1級までが設けられている。中学生は5級、高校生は4級が目標となる。6・5・1級は検定受験合格のみで取得できるが、4~3級は通信講座または通学講座を受講して検定試験に合格する必要あり。

段階的に上位級をめざすことで環境に関する専門性を高めることができ、関連する仕事に就くためのステップになる。

資格データ

■受験できる年齢　小学校高学年以上が対象

■試験の区分
6～1級

■試験の時期
6月、11月

■主催
特定非営利活動法人 日本環境管理協会
https://www.nikkankyo.com/

こんな君におすすめ

地球環境問題に興味があり、正しい知識を身につけたいという君に！

小学生から高校生までの「理科技能」を測る

理科検定（実用理科技能検定）

民

小学生から高校生までの理科の基礎力を測定する検定試験。単に学年に応じた理科の知識を問うのではなく、理科技能を①観察・実験技能、②計量・測定技能、③統計・検査技能、④比較・調査技能、⑤論理・表現技能に分類して、それぞれを日常生活や社会生活に活かすという観点から評価するのが特色だ。

級別に、評価する「理検STEP《ステップ》」とスコアと級で評価する「理検SCORE《スコア》」とがある。STEPの5～3級は中学生で学ぶ範囲から出題。2・1級は物理検定、化学検定、生物検定、地学検定に分類され、高校生で学ぶ範囲から出題される。自分の現時点での理科の学力を把握《はあく》するためには最適の検定試験だ。

資格データ

■受験できる年齢　制限なし

■試験の区分

11～1級（5級以上は準級あり）

■試験の時期

5月、7月、8月、10月、
11月、12月、2月、3月

■主催

日本理科検定協会
https://www.rikakentei.com/

こんな君におすすめ

理科が得意で、学校の試験以外でも腕試しをしたい！という君に

野生の動植物の「種《しゅ》」を区別する力を測る

生物分類技能検定

民

野生生物に関心がある人を対象に、多様性の基本となる「種」の概念や区別についての知識を測る検定試験。4〜1級があり、4・3級は学生の受験が大半を占めている。

4級の試験では、野生動植物種、栽培種、家畜、野菜、果物など身近な生物の区別や形についての基礎的問題やスケッチなどが出題される。3級の試験では、4級の範囲に加えて、標本の作製技術、保管方法の初歩などが出題される。

身につけた知識は大学の生物学科などに進学後、フィールドワークなどで役に立つ。また、環境アセスメント、環境コンサルティングなどの分野の就職にもプラスに働く。

資格データ

■受験できる年齢　制限なし

■試験の区分

4級、3級、2級、1級

■試験の時期

11月

■主催

一般財団法人 自然環境研究センター
http://www.jwrc.or.jp/service/approval/index.htm

こんな君におすすめ

生物が得意で、特に野生の動植物について学ぶのが楽しいという君に！

地図が好き、地理が得意という人向けの検定試験

地図地理検定

民

地図と地理についての知識を身につけ、地図を楽しく読んだり使ったりする力を養《やしな》うことを目的とした検定試験。

試験には一般と専門があり、どちらも誰でも受験可能。一般は、小中高等学校学習指導要領、過去のセンター試験地理Aなどを参考に、学校の社会科や理科の授業、テレビ、新聞などの報道でよく目にする地図や地名を出題。専門は、高等学校学習指導要領、過去のセンター試験地理B、国公立二次試験などを参考に、地図・地理の知識に自信のある人を対象としてより高度な問題を出題する。地図を見て分析しながら解く問題も多く、地図・地理好きならくり返し受験しても楽しい。

こんな君におすすめ

「地理は得意科目。もっと勉強して誰にも負けないレベルの知識をつけたい」という君に！

試験の傾向と対策

一般、専門ともに試験範囲は、地図・GIS《ジーアイエス》、自然環境（地形、気候、水文、植生、防災）、社会文化環境（資源・産業、人口、都市・村落、生活文化、民族・宗教）など。

一般財団法人 日本地図センターのホームページに直近5回分の過去問題と解説が掲載されているので、まずはこれを解いて、問題の特徴や傾向、レベルをつかんでおこう。さらに深く対策するなら、センター発行の過去問題集や参考図書を使って勉強するのがおすすめだ。

身につくスキルと活かし方

一般に合格すれば地図や地理に関する幅広い基礎知識があることを、専門に合格すれば地理や地図に関する上級マニアレベルの知識があることを証明できる。地理を得意科目としている中学生・高校生にとっては得意な部分をさらに伸ばす効果も。専門合格の力があれば、大学入学共通テストなどの地理でも高得点を狙えるようになるはずだ。

AO《エーオー》・推薦入試でこの検定試験を評価の対象とする、考慮するという大学もあり、合格実績も入試に活用できる。

取得までのプロセス

一般、専門どちらからでも受験できるが、初めての受験ならまずは一般から受験しよう。

次の専門はリピーターを想定した試験。1級認定3回で「準地図地理博士」に、1級認定5回で「地図地理博士」に認定される。

一般
↓
専門
↓
専門3回合格
準地図地理力博士
↓
専門5回合格
準地図地理力博士

資格データ

■受験できる年齢　制限なし

■試験の区分
一般、専門

■試験の時期
6月、11月

■主催
一般財団法人 日本地図センター、
公益財団法人 国土地理協会
https://www.jmc.or.jp/chizuken/info.html

歴史が得意な中高生も歴史マニアも楽しめる

歴史能力検定

民

小中高校で学ぶ歴史を中心に、国内外のさまざまな出来事の歴史的背景なども問う検定試験。

5級、4級、3級、準3級、3級、2級、1級があり、5〜準3級は日本史・世界史の区分はないが（5級・準3級は日本史のみ）、3〜1級は日本史と世界史に分けて試験を実施。中学生は4・準3級が、高校生は3・2級が目標になる。

合格したら終わりではなく、歴史好きな人がくり返し受験することを想定した検定試験で、1級に3回合格すると「歴検修士」、5回合格すると「歴検博士」、10回合格すると「歴検大博士」の称号が与えられる。

こんな君におすすめ

「歴史は大好きな科目。入試でも高得点を狙える力をつけたい」という君におすすめ！

試験の傾向と対策

2級までは小中学校の学習範囲からの出題が中心なので、教科書や参考書を使って今まで習ってきたことを復習するのが基本的な対策の一つ。

準3級は高校受験の社会、2級は大学受験の日本史・世界史対策も兼ねて学ぶとちょうどいいレベルだ。

1級は教科書の範囲外の知識も出題されるので、歴史好きな人にとっても歯ごたえのある内容。公式テキストや過去問題集を使って幅広い知識を確実にインプットしよう。

身につくスキルと活かし方

級に応じた歴史の知識に磨《みが》きをかけられるので、好きな歴史をさらに得意科目にできる。相応の級に合格すれば中学・高校・大学入試で評価の対象にもなる検定試験だ。

また、合格による他試験の免除特典もある。日本史2級以上の合格者は高等学校卒業程度認定試験の「日本史B」が、世界史2級以上の合格者は「世界史B」が免除される。また、日本史2級以上の合格者は国家資格である「全国通訳案内士」の試験科目の一つ「日本歴史」が免除される。

取得までのプロセス

5級が小学校修了程度、4・準3級が中学校で学ぶ程度、3・2級が高校で学ぶ程度の知識が出題されるので、自分に合った級から挑戦して上位級をめざしていこう。もちろん歴史の総復習として5級から受験するのもあり。

5級（歴史入門）→4級（歴史基本）→準3級（日本史）→3級（日本史・世界史）→2級（日本史・世界史）→1級（日本史・世界史）

資格データ

■受験できる年齢　制限なし

■試験の区分

5級、4級、準3級、3級、2級、1級

■試験の時期

11月

■主催

歴史能力検定協会

http://www.rekiken.gr.jp/index.html

アマチュア無線技士は中高生の取得も多い

無線従事者

国

航空管制官、テレビ局、タクシーの基地局、さらに私的なアマチュア無線に至るまで、電波の送受信を行う無線設備を操作するには、原則として無線従事者免許が必要。

国家資格である無線従事者には、「総合無線通信士」「海上無線通信士」「航空無線通信士」「陸上無線技術士」「特殊無線技士」「アマチュア無線技士」の6つの分野があり、それぞれにレベルに応じて級が設けられている。どの試験も年齢や学歴に関係なく誰でも受験できるが、取得後に資格を活用することを考えると、中高生に関連するのはアマチュア無線技士。「ハム」と呼ばれる無線仲間との通信に必要となる資格だ。

こんな君におすすめ

世界中の仲間とアマチュア無線で交信してみたい！と考えている君に

試験の傾向と対策

第四級アマチュア無線技士の試験は、無線工学と法規の2分野から出題される。高校の普通科のカリキュラムではカバーできない領域なので、問題集でしっかり対策をすることが大切。合格率は70%台なので、対策さえしておけば初心者でも合格は難しくない。

また、第四級・第三級のアマチュア無線技士は養成課程講習会（1〜2日）を受講し、修了試験に合格することでも取得できるので、情報収集してみよう。

身につくスキルと活かし方

合格した級に応じて、指定された範囲内のアマチュア無線局の無線設備を操作することができるようになる。級が上がるごとに空中電力の大きな設備を使えるようになり、第一級を取得すれば制限はなくなる。

また、ゴーグルを装着してリアルタイムにドローンが撮影する映像を見ることができるFPV《エフピーブイ》ドローンを操作するためにも第四級が必要とされるので、最近はそのために資格を取得する人も増えてきている。

取得までのプロセス

まずは第四級から取得して、実際にアマチュア無線を楽しんでみよう。さらに充実した無線設備を使いたくなったら上位級に挑戦。第三級までは合格率70%台だが、第二級・第一級は40%台と難しくなるのでしっかり試験対策を。

第四級（概《おおむ》ね合格率70%台）→ 第三級（概ね70%台）→ 第二級（概ね40%台）→ 第一級（概ね40%台）

資格データ

■受験できる年齢　制限なし

■試験の区分
アマチュア無線技士は第四〜一級

■試験の時期
地域により異なる

■主催
公益財団法人 日本無線協会
http://www.nichimu.or.jp/kshiken/

小中高生のロボット製作に関する技術を認定

ロボット検定©

民

ロボットを作るために必要なものづくりの技術とプログラミングなどのIT《アイティー》開発技術と測る検定試験。小学生・中学生・高校生以上を対象とした「ロボット検定 For《フォー》 EV《イーブイ》3」と小学校低学年以上を対象とした「ロボット検定 For We《ウィー》do《ドゥー》 2.0」の2種類の試験が実施されている。

For EV3は3級、準2級、2級、準1級、1級の5段階。試験はロボットに関する知識を問う筆記問題と、実際に教育用レゴを使って組み立てたロボットをプログラミングして、課題どおりに動くかどうかを確認する実技試験が出題される。機械や工作が好きなら、楽しみながら受験できるはずだ。

こんな君におすすめ

個人的にロボットを作ってみたい！そのためのスキルを学びたい！という君におすすめ

試験の傾向と対策

For EV3の3級試験内容は初級プログラミングとロボット製作初級。級が上がるごとにプログラミングもロボット製作も難易度が上がっていく。準2級のプログラミングではセンサー制御《せいぎょ》、2級では条件分岐《ぶんき》、変数、準1級ではサブルーチン、1級ではC《シー》言語などが加わる。

実際にロボットを作る経験が重要なので、ロボット技術検定認定校などで基礎から実践《じっせん》的に学ぶことがおすすめ。そのうえで過去問題なども使って対策を。

身につくスキルと活かし方

ロボット製作に必要な知識や技術を基礎から段階的に身につけていくことができる。小学生・中学生・高校生が、自分がどの程度のロボット技術を修得できたかを確認するには最適の検定試験だ。

どの技術を使って何ができるのかを自分で説明できるようになるから、進学や就職の際に的確にアピールできる。また、今後、検定の認知度がさらに上がっていけば、検定合格自体が評価の対象となる場面も増えていくはずだ。

取得までのプロセス

For EV3を初めて受験する場合は3級からのスタートが推奨《すいしょう》されている。合格したら準2級、2級と上位をめざしていこう。次回試験までは半年の間隔《かんかく》があるが、一気に上位級をめざすなら隣接する級をダブル受験することも可能だ。

3級 →（半年）→ 準2級 →（半年）→ 2級 →（半年）→ 準1級 →（半年）→ 1級

資格データ

■受験できる年齢　小学生以上

■試験の区分

For EV3 は 3 級、準 2 級、2 級、準 1 級、1 級

■試験の時期

For EV3 は 4 月、10 月

■主催

一般社団法人 ロボット技術検定機構

https://robogiken.jp/

理系の領域《りょういき》だけでなく星座や暦《こよみ》などの出題も

星空宇宙天文検定

民

星空や宇宙・天文に興味がある人を対象に、「星空観察・観測」「星・宇宙」「宇宙開発・探査」「宇宙観の歴史」「星と生活」といったテーマの知識を問う検定試験。星空初心者のスタートレベルである5級から、星空や天文に関して深く理解し、解説や指導ができるレベルの1級までの5段階の試験がある。

科学の領域だけでなく、星座や暦などの生活文化に根ざした領域からも出題されるのが特色。

趣味として検定受験を楽しむほか、例えば、大学の天文・宇宙関連の学科への進学を考えている高校生が、自分の適性を確認することにも役立つ。

資格データ

■受験できる年齢　制限なし

■試験の区分

5級、4級、3級、2級、1級

■試験の時期

8月、3月

■主催

一般社団法人

星空宇宙天文検定協会

https://www.hoshiken.org/

こんな君におすすめ

星や宇宙に興味があり、もっと深い知識を身につけたいという君に！

国際的に通用する教養を身につけられる

世界遺産検定 民

屋久島（日本）、古都京都の文化財（日本）、マチュ・ピチュの歴史保護区（ペルー）、ギザのピラミッド（エジプト）、タージ・マハル（インド）などの世界遺産に関する知識やその歴史的・文化的背景などに関する知識を測る検定試験。

試験は4～1級、マイスターの5区分。級が上がるごとに対象となる世界遺産の数も増えていく。公式テキストや問題集でしっかり対策をして臨《のぞ》もう。AO《エーオー》・推薦入試などで世界遺産検定に対して優遇《ゆうぐう》措《そ》置《ち》を採用している大学・短大も多いので、受験生はチェックしておこう。

こんな君におすすめ

「行ってみたい世界遺産がたくさんある！」という君に

資格データ

■受験できる年齢　制限なし
■試験の区分　4～1級、マイスター
■試験の時期　7月、9月、12月、2月
■主催　NPO法人 世界遺産アカデミー
https://www.sekaken.jp/

上位級合格なら国旗博士として知識を自慢できる！

国際知識検定（国旗） 民

一般社団法人 国際知識普及協会は国際知識検定としてタイ検定、ロシア検定など多数の検定を実施しているが、そのうちの一つが国際知識検定「国旗」。国旗関連ではほかに「国旗と地理」「国旗と人物」という検定も実施されている。

「国旗」は5～1級まであり、国旗の図柄から国名を答えたり、国名から国旗を答えたりする試験内容。級が上がるごとに問題数が増え、3級以上はマークシートだけでなく記述式の問題も加わる。検定のホームページに紹介されている参考書などでしっかり勉強して臨もう。

こんな君におすすめ

子どもの頃から世界の国々の国旗を覚えるのが趣味だという君に！

資格データ

■受験できる年齢　制限なし
■試験の区分　5級、4級、3級、2級、1級
■試験の時期　6月、10月、3月
■主催　一般社団法人 国際知識普及協会
http://kokki.aikd.net/

心理学検定®

民

大学卒業レベルの心理学の基礎知識・能力を認定

心理学に関して大学卒業レベルの基礎知識・能力が身についていることを一般社団法人 日本心理学諸学会連合が認定する検定試験。学歴に関係なく誰でも受験することができる。

認定される資格は2級、1級、特1級の3段階。級ごとに認定試験が行われるわけではなく、心理学の歴史・研究法から、子どもの心理の発達、カウンセリング、さらには脳科学や犯罪心理学といった領域《りょういき》まで、心理学の幅広い分野を体系的に網羅《もうら》した10科目（A領域5科目、B領域5科目）のうち、A領域2科目を含む3科目に合格すると2級、A領域4科目を含む6科目に合格すると1級、全科目に合格すると特1級に認定される。

こんな君におすすめ

心理学について、先取りして今から大学レベルの知識を学んでおきたいという君に！

試験の傾向と対策

出題はすべて4肢選択で、1科目20問。試験時間は1科目につき20分。3科目受験、6科目受験、8科目受験のいずれかを選択できる。基礎知識が身についているかどうかを確かめるための試験なので、日本心理学諸学会連合が発行している公式問題集、一問一答問題集、基本キーワードをしっかり勉強すれば、心理学に興味がある高校生なら科目合格はめざせる。1回の試験で何科目挑戦するか、無理のないプランを立てるのが認定を得るための秘訣《ひけつ》。

身につくスキルと活かし方

高校生が受験すれば、心理学について先取りして大学レベルの知識を学ぶことができる。心理学を学ぶことに適性があるかどうかを早めに確かめることができ、心理学部などへ進学した後の学習がスムーズになるのがメリットだ。

レベル的に高校生は心理学検定の主たる受験者層ではないが、だからこそ、大学の心理学系の学部・学科をAO《エーオー》・推薦入試で入試する場合は、心理学への興味やすでに身につけている知識をアピールする材料となる。

取得までのプロセス

高校生であれば、まずは無理せず3科目受験からスタートしよう。5年間で何科目合格できたかの累積《るいせき》で級が認定されるので、長期プランを立てて複数回受験して、合格科目数を積み重ねていこう。

※例えば…

1回目の受験
1科目合格
▼
2回目の受験
新たに3科目合格（2級認定）
▼
3回目の受験
新たに3科目合格（1級認定）
▼
4回目の受験
新たに3科目合格（特1級認定）

資格データ

■受験できる年齢　制限なし
■試験の区分
2級、1級、特1級
■試験の時期
8月
■主催
一般社団法人
日本心理学諸学会連合
http://jupaken.jp/

ほかにもある!

知識が深まる資格

文化・歴史・人々の暮らしなどの知識を学ぶ

江戸文化歴史検定 民

江戸時代にテーマを絞《しぼ》り、その歴史や文化、人々の暮らしなどについての知識を測る検定試験。江戸時代は学校の日本史でも学ぶことはできるが、この検定を通して勉強をすれば、より深く細かい知識を身につけることができる。「歴史の中でも江戸時代は得意分野」といえるだけの力を身につけたいなら要注目だ。

資格データ

■受験できる年齢　制限なし
■試験の区分　3級、2級、1級
■試験の時期　6月、10月
■主催　江戸文化歴史検定協会
https://www.edoken.jp/

「経済知識＋考える力」を測るテスト

日経TEST《テスト》（日経経済知力テスト） 民

「経済知識＋考える力」を意味する「経済知力」を測るテスト。最新の経済動向やビジネス動向などに関する知識を深められるだけでなく、それらを分析し、次の展開を読む能力を鍛《きた》えられる。結果はスコアで示され、成績表には全体の順位や講評《こうひょう》も付いてくる。くり返し受験して経済知力アップを図ってみては?

資格データ

■受験できる年齢　制限なし
■試験の区分　なし
■試験の時期　6月、11月
■主催　日本経済新聞社・
日本経済研究センター
https://ntest.nikkei.jp/

環境カオリスタ検定 民

植物やその香り、地球環境に関する理解を深める

環境カオリスタとは、「植物やその香りに親しみ、日々の生活の中で自然と環境を大切にする人」のこと。環境カオリスタ検定試験は、そのために必要な植物や地球環境に関する知識、生活の中でできるエコアクションについての知識を測る試験。エコに関して、人より深い理解を得たいならおすすめの検定試験の一つだ。

資格データ

■受験できる年齢　制限なし
■試験の区分　なし
■試験の時期　随時
■主催　公益社団法人 日本アロマ環境協会
https://www.aromakankyo.or.jp/licences/kaorista/

司法試験予備試験 国

高度な法律知識が問われる難関試験

合格すると司法試験の受験資格が得られる国家試験。現在、司法試験の受験資格を得るには法科大学院修了がメインのルートだが、司法試験予備試験に合格すれば10代での司法試験受験も可能。試験では高度な法律知識が問われるので、合格は簡単ではないが、試験対策をするだけでも法律に強くなることは確実。

資格データ

■受験できる年齢　制限なし
■試験の区分　なし
■試験の時期　短答式は５月
■主催　法務省大臣官房人事課司法試験予備試験係
http://www.moj.go.jp/jinji/shihoushiken/shikaku_saiyo_index.html

資格ほっとタイム

資格・検定は学校の勉強にも役に立つ！

資格の勉強で、まだ見ぬ「ビジネス」の世界を覗《のぞ》く

現場で必要な基本が詰《つ》まっている秘書検定

中高生にとってビジネスの現場は未知の世界。将来どんな仕事に就《つ》きたいかを考えようとしても、今ひとつ「働いている自分」を、実感を持ってイメージできないこともあるはずだ。

そんなときにおすすめなのがビジネス系の資格・検定だ。実際に現場ではどのような知識・スキルが求められるのか、どのような場面でどう振るまえばいいのかが、勉強すればするほどクリアになってくる。おすすめ資格の一つが秘書検定。ビジネスマナーやスケジュールの立て方、ビジネス文書作成、上司に対する言葉遣《づか》いなど、ビジネスの現場で基本として求められる要素が詰まっている検定試験だ。

簿記能力検定などでお金の流れを理解する

簿記能力検定なども学ぶメリットは大きい。会社のお金の流れがどのようになっているのか、どのように利益が生まれるのか、といった仕組みが理解できるようになると、大人になった視点で仕事をとらえることができるようになる。

自分たちに見えている部分だけで仕事を考えていると、いざ就職したとき、「こんなはずじゃなかった！」というギャップも生まれがち。資格・検定を通して一足早くビジネスの世界を覗き見しておこう。

7
章

パソコンやIT《アイティー》業界につながる資格

W
ワードは
のソフト
で、エクセルもマイ
クロソフトのソフトで
ワードとエクセルがよ

事務職に必要とされるパソコンスキルを測定

日商PC《ピーシー》

公

パソコンを使ったビジネス文書・資料の作成技術を測る検定試験。文書を作成するソフトとして普及しているワードの知識・スキルを問う「文書作成」、データの集計や関数を使った計算をするソフトであるエクセルの知識・スキルを問う「データ分析」、文字やグラフを見やすく編集するプレゼンソフトであるパワーポイントの知識・スキルを問う「プレゼン資料作成」の3部門に分かれている。それぞれベーシック、3〜1級の4段階（プレゼン資料作成のみベーシックなし）の試験区分となっている。

試験時期は1級のみが10月、2月。他の級は随時ネット試験会場で受験でき、試験終了後すぐに合否が確認できる。

こんな君におすすめ

パソコンの操作基本を修得したい、将来パソコンを使った仕事をしたい、という君におすすめ！

試験の傾向と対策

試験はすべて知識科目（15分）と実技科目（30分）で構成されている。知識科目は択一《たくいつ》式で、実技科目は実際にパソコン上で出題に沿ったビジネス文書・資料を作成。それぞれ70％以上得点できれば合格だ。知識科目は公式テキストをしっかり勉強しておこう。実技科目は公式ホームページからサンプル問題がダウンロードできるので事前にチャレンジしよう。あとは実際にパソコンを操作しながら文章作成や表計算で使う機能を覚えるのがコツだ。

身につくスキルと活かし方

ビジネスの現場で使える実務的なパソコンソフトの操作技術を習得できる。ワード、エクセルはどのような職場でも非常に使用頻度《ひんど》が高いため、機能をしっかりとマスターし、使いこなせるようになっていれば評価の対象となる。加えてパワーポイントのプレゼン資料作成までできれば、さらにアピール度は高まる。

一部の大学・短大では所定の部門・級を取得していれば入試で優遇《ゆうぐう》措置《そち》を受けることもできる。

取得までのプロセス

まずは実務での重要度が高い「文書作成」「データ活用」部門から。3級は合格率80％なので自信があればベーシックを飛ばして受験しても大丈夫。「プレゼン資料作成」も含めて2級合格を目標にしよう。

データ活用3級 → データ活用2級 → 文書作成3級 → 文書作成2級 → プレゼン資料作成3級 → プレゼン資料作成2級

資格データ

■受験できる年齢　制限なし

■試験の区分

ベーシック、3級、2級、1級

■試験の時期

随時

■主催

日本商工会議所

https://www.kentei.ne.jp/pc

ICT《アイティーシー》（情報通信技術）を使った問題解決力を測る検定試験

P《ピー》検（ICTプロフィシエンシー検定試験）

民

単なるパソコンやソフトの操作技術だけでなく、ICTを活用した問題解決力を養《やしな》うことを目的とした検定試験。試験区分には5～3級、準2級、2級、1級がある。公式ホームページに級ごとの取得後の人物像やICTを活用した問題解決や業務の具体例（準2級なら「ホームページの内容を変更し、Web《ウェブ》サーバーにアップロードする」など）が掲載されているので、事前に確認して自分の目標とする級を決めよう。

4～準2級は高校の情報系科目「社会と情報」「情報の科学」の学習指導要領に幅広く準拠《じゅんきょ》しているので、学校での学習とリンクさせて試験対策を進めることができるのもP検の魅力《みりょく》だ。

資格データ

■受験できる年齢　制限なし

■試験の区分

5級、4級、3級、準2級、2級、1級

■試験の時期

随時

■主催

ICTプロフィシエンシー検定協会

https://www.pken.com/

こんな君におすすめ

パソコンの操作技術だけでは物足りないと思っている君に！

パソコンの基本であるタイピングスキルを認定

タイピング技能検定 民

パソコンを使いこなすうえで非常に重要となる速く正確なタイピングスキルを測る検定試験。試験区分は8〜1級、特級の9段階となっている。実際にパソコン上でタイピングする形式の試験で、自宅や学校、パソコンスクールなどで24時間いつでも受験できる。表示されるアルファベットを入力する「単キーテスト」、ひらがなを正確にローマ字で入力する「カナテスト」、単語を入力する「単語テスト」、短文を入力する「短文テスト」、長文を入力する「長文テスト」の5科目があり、級ごとに定められた3科目を受験する。3級以上はすべて単語、短文、長文の組み合わせだ。

資格データ

■受験できる年齢　制限なし

■試験の区分

8〜1級、特級

■試験の時期

随時

■主催

イータイピング株式会社

https://web.e-typing.ne.jp/

こんな君におすすめ

「速くて正確なタイピングに自信あり！」という君におすすめ

就職したら重要になるエクセルのスキルを認定

Excel《エクセル》® 表計算処理技能認定試験

民

エクセルを使った表計算処理技能とビジネス実務に活用する能力を測る検定試験。3～1級がある。

3級はパソコン、表計算、ビジネス図表の基礎的な技能があり、簡単なワークシートの作成とデータ入力ができるレベル、2級はパソコン、表計算、ビジネス図表の実践《じっせん》的な技能があり、通常の表計算処理ができるレベル、1級はパソコン、表計算、ビジネス図表、ビジネス帳票《ちょうひょう》、データベースの高度な実践的技能を駆使《くし》して業務効率化ができ、高度な表計算ができるレベル。

試験は全国の主要都市の会場で実施。年齢や学歴に関係なく誰でも受験することができる。

こんな君におすすめ

エクセルを使ったことはあるが、今ひとつ使いこなせていないという君に！

試験の傾向と対策

試験は3級が実技試験（60分）のみで、2・1級が知識試験（15分）と実技試験（90分）。比重の高い実技試験でいかにしっかり点数を取るかが大切になる。

全級平均の合格率が80％を超えているので、問題集やテキストでしっかり対策をすれば、パソコン初心者でも十分合格はめざせる。

公式ホームページに級ごとのモデル学習プランが紹介されているので、参考にしよう。

身につくスキルと活かし方

1級まで取得すれば、データの編集や整理、関数を使った計算、表やグラフの作成、図形の挿入、自動的に定型的な計算や作業をするマクロなどエクセルが持つ多彩な機能を使いこなせるようになる。

エクセルはさまざまな職場で使われているが、我流《がりゅう》で一部の操作を習得しただけの人が多く、使いこなせている人は実は少ない。そのため、1級レベルのスキルがあれば、就職後、周囲から重宝される存在になれる。

取得までのプロセス

公式ホームページのモデル学習プランに従えば、3級合格のための標準学習時間は27時間。1～2カ月程度で十分クリアできる。その後、2級までは34時間。1級まではさらに22時間学ぶことが必要になる。

勉強スタート →（27時間）→ 3級 →（34時間）→ 2級 →（22時間）→ 1級

資格データ

■受験できる年齢　制限なし
■試験の区分
3級、2級、1級
■試験の時期
随時
■主催
株式会社サーティファイ
https://www.sikaku.gr.jp/ns/el/

代表的なワープロソフトのワードを使いこなす

Word《ワード》文書処理技能認定試験

民

ワープロソフトのワードを使った文書作成技能と、ビジネス実務に活用する能力を測る検定試験。3〜1級がある。

3級はパソコン、ワープロ、ビジネス文書に関する基礎的な技能があり、簡単なビジネス文書を作成できるレベル。2級はパソコン、ワープロ、ビジネス文書に関する実践《じっせん》的な技能があり、通常のビジネス文書処理ができるレベル。1級はパソコン、表計算ワープロ、ビジネス文書の高度な実践的技能を駆使《くし》して業務を効率化でき、高度なビジネス文書処理ができるレベル。

試験は全国の主要都市の会場で実施され、年齢や学歴に関係なく誰でも受験することができる。

W
く
ワードは
のソフト
で、エクセルもマイ
クロソフトのソフトで
ワードとエクセルかよ

こんな君におすすめ

ワードを駆使して見やすい文書や資料を作成したいという君にぴったり！

試験の傾向と対策

試験は3級が実技試験（60分）のみで、2・1級が知識試験（15分）と実技試験（90分）。比重の高い実技試験でしっかり点数を取ることがポイントだ。

Excel文書処理技能認定試験と同様、全球平均の合格率は80％以上。パソコン初心者であっても、問題集やテキストによる対策で十分1級合格を狙うことができる。

公式ホームページに掲載されている級別のモデル学習プランを参考に、勉強の計画を立ててみよう。

身につくスキルと活かし方

ワードはワープロソフトとして多くの職場で当たり前に使われているが、段落書式、段組み、スタイル、レイアウト、ヘッダーとフッター、表やオブジェクトの挿入《そうにゅう》などのさまざまな機能をうまく使いこなせている人は少ない。1級を取得していることは、これらの機能を使って読みやすい文書を効率的に作成できることのアピール材料になる。

どの企業でも一般事務にはワードの文書作成能力が必須なので高く評価される可能性が高い。

取得までのプロセス

公式ホームページのモデル学習プランに従えば、3級合格のための標準学習時間は27時間。1〜2カ月程度で十分クリアできる。その後、2級までは34時間。1級まではさらに23時間学ぶことが必要になる。

勉強スタート →（27時間）→ 3級 →（34時間）→ 2級 →（23時間）→ 1級

資格データ

■受験できる年齢　制限なし

■試験の区分

3級、2級、1級

■試験の時期

随時

■主催

株式会社サーティファイ

https://www.sikaku.gr.jp/ns/wd/

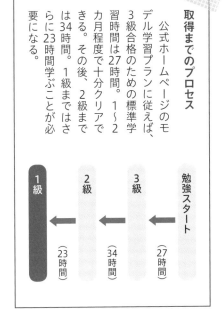

マイクロソフトオフィス製品の利用技術を証明

MOS《モス》（マイクロソフト オフィス スペシャリスト）

民

マイクロソフトのオフィス製品であるワープロソフト「ワード」、表計算ソフト「エクセル」、プレゼンテーションソフト「パワーポイント」、データベース管理ソフト「アクセス」、電子メール・情報管理ソフト「アウトルック」について、それぞれの機能の理解や操作技術、活用法を測る検定試験。試験は「ワード2016」「エクセル2013」などソフトのバージョンごとに行われ、ワードとエクセルはスペシャリスト（一般）とエキスパート（上級）の2段階がある。その他のソフトは一般のみ。これらのうち規定の4つの資格を取得するとオフィスマスターの称号が得られる。なお、中高生や大学生は学割で受験できる。

こんな君におすすめ

グローバルに通用するパソコン系資格を取得したいという君におすすめ！

試験の傾向と対策

ワードのスペシャリスト（一般）の試験範囲は、「文書の作成と管理」「文字、段落、セクションの書式設定」「表やリストの作成」「参考資料の作成と管理」「グラフィック要素の挿入《そうにゅう》と書式設定」。ワードの操作に慣れていないと幅広く感じるかもしれないが、自宅のパソコンとMOS対策用のテキストでトレーニングすれば初心者でも合格は難しくない。パソコンの操作そのものに自信がない場合は、パソコンスクールのMOS対策講座に通うのもいいだろう。

身につくスキルと活かし方

ワード、エクセルの上級まで取得すれば、それぞれのソフトの多彩な機能を使いこなして効率的に文書・資料作成やデータ管理などができることの証明になる。MOSは一般企業でも認知度が高いので、履歴書《りれきしょ》に書けば高いパソコンスキルがあることを理解してもらえる。パワーポイントやアクセスも取得すれば、さらにアピール度は高まる。

アクセス習得でデータベースの基礎が身につけば、データベースエンジニアなどへのステップアップの土台になる。

取得までのプロセス

ワード、エクセルは職場における必須ソフト。学校でも使う機会は多いはず。まずはこの2つで一般、上級を取得しよう。合格できたらパワーポイントやアクセスにも挑戦。使えるソフトの幅を広げよう。

ワード一般
▼
エクセル一般
▼
ワード上級
▼
エクセル上級
▼
パワーポイント一般
▼
アクセス一般

※オフィスマスターに認定

資格データ

■受験できる年齢　制限なし

■試験の区分

スペシャリストレベル（一般）、エキスパートレベル（上級）

■試験の時期

ほぼ毎日

■主催

株式会社 オデッセイ コミュニケーションズ

https://mos.odyssey-com.co.jp/index.html

グラフィックソフト「イラストレーター」のスキルを認定

Illustrator《イラストレーター》®クリエイター能力認定試験 民

代表的なグラフィックソフトである「アドビ・イラストレーター」を使ってグラフィックコンテンツを作成する能力を測る検定試験。スタンダードとエキスパートの2種類がある。

スタンダードはイラストレーターの基本操作ができ、作業指示書に基づいた制作ができる能力を、エキスパートはＤＴＰ《ディーティーピー》（印刷物のパソコン上での編集・デザイン）やＷｅｂ《ウェブ》デザインに関する基本的な知識があり、デザインコンセプトや表現の目的に沿って適切な機能を選択できる能力を認定。イラストレーターはグラフィックデザイナー、Ｗｅｂデザイナーにとっての必須ソフト。これらの職種をめざす足がかりになる認定試験だ。

資格データ

■受験できる年齢　制限なし
■試験の区分
スタンダード、エキスパート
■試験の時期
随時
■主催
株式会社サーティファイ
https://www.sikaku.gr.jp/ns/il/

こんな君におすすめ

雑誌やポスター、Ｗｅｂサイトなどのデザインに興味がある君に！

フォトショップを使った画像の加工・編集スキルを測る

Photoshop《フォトショップ》®クリエイター能力認定試験 民

画像編集ソフトとして幅広く普及している「アドビ・フォトショップ」を使って写真などの画像を加工・編集する能力を測る検定試験。スタンダードとエキスパートの2種類がある。スタンダードはフォトショップの基本操作ができ、作業指示書に基づいた制作ができる能力を認定。エキスパートはＤＴＰ（印刷物のパソコン上での編集・デザイン）やＷｅｂデザインに関する基本的な知識があり、デザインコンセプトや表現の目的に沿って適切な機能を選択できる能力を認定する。将来、グラフィックデザイナー、Ｗｅｂデザイナーをめざすなら、フォトショップのスキルは必須。

資格データ

■受験できる年齢　制限なし

■試験の区分
スタンダード、エキスパート

■試験の時期
随時

■主催
株式会社サーティファイ
https://www.sikaku.gr.jp/ns/ps/

こんな君におすすめ

写真の加工に興味があり、本格的に学んでみたいという君におすすめ！

CGクリエイター検定

民

2次元CG《シージー》、3次元CGの理論や技術を測る検定試験

CGディレクター、CGアニメーター、CGデザイナー、ゲームクリエイター、グラフィックデザイナーとして働いている人やこれらの職種をめざしている人を対象に、映像表現技術やCG理論、CGソフトの操作などに関する知識を測る検定試験。2次元CG、3次元CGなどの知識の理解を測るベーシックとこれらの専門知識と応用力を測るエキスパートがある。

試験はどちらもマークシート方式で、デザイン、CG、アニメーション、カメラワーク、モデリング（3次元モデルの作成）、合成、編集、知的財産、プロダクションワーク（仕事の進め方）などの知識が幅広く問われる。

こんな君におすすめ

映画などの3D《スリーディー》CGに興味がある、自分もCGのクリエイターをめざしたいという君に！

試験の傾向と対策

ベーシックもエキスパートも実技試験はないので、未経験からでも公式テキストをしっかり勉強すれば合格はめざせる。ただし、CGの知識は実際にソフトを操作して作品を作ってみないと勉強してもあまり意味がない。また、自分でソフトを使ってみないと専門用語などを覚えるのも難しいので、まずは「Maya《マヤ》」「3DS Max《マックス》」といった3DCG用のソフトを手に入れよう。いずれも学生は無償《むしょう》の体験版をダウンロードできる。

身につくスキルと活かし方

映画、アニメ、ゲーム、CM《シーエム》などの映像系のジャンルでCGを駆使《くし》したクリエイターとして活躍するために必要な知識が身につく。ただし、検定試験で身につくのはあくまで知識なので、専門学校や大学でさらに学びを深め、自分で実際に作品を作ったり、アルバイトでもいいから実務を経験したりして腕を磨《みが》くことが大切。しっかりとした技術があれば、就職の際、検定試験で幅広い知識を学んでいることをプラスα《アルファ》のアピール材料にできる。

取得までのプロセス

ベーシックの合格率は60%台。未経験者はまずはここが目標。1〜3カ月程度で合格をめざすことも可能だ。エキスパートは合格率が20%台に下がるので、専門学校や大学で本格的に学び始めてから挑戦してもいいかもしれない。

勉強スタート
→（1〜3カ月）
ベーシック合格
→（専門学校などに進学）
エキスパート合格

資格データ

- ■受験できる年齢　制限なし
- ■試験の区分
  ベーシック、エキスパート
- ■試験の時期
  7月、11月
- ■主催
  CG-ARTS（公益財団法人 画像情報教育振興協会）
  https://www.cgarts.or.jp/kentei/

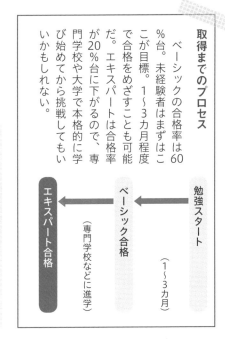

正しくインターネットを使いこなすための検定試験

インターネットにおけるルールとマナー検定 民

パソコンやスマートフォンなどでインターネットを利用する際に理解しておく必要があるルールやマナーに関するテスト。小中学生から大人まで、より多くの人に正しくインターネットを利用してもらうことを目的としている。

検定試験の種類には、「こども版」「大人版」「ビジネス版」があり、こども版の対象は小学4年生以上の児童、中学生、高校生、保護者、教員など。全30問で27問以上正解すれば合格だ。大人版は全100問、ビジネス版は全50問。インターネット上で24時間いつでも無料で受けることができ、すぐに結果と解説が表示されるので、気軽にチャレンジしてみよう。

こんな君におすすめ

LINE《ライン》のやりとりで友達とトラブルになりたくない！と思っている君に

試験の傾向と対策

こども版では、例えば、Web《ウェブ》で情報を収集する際の心構え、LINEで友達とやりとりする際に気をつけること、初めての相手にメールを送るときの基本的マナーといった問題が出題される。すでにインターネットの常識がある程度身についていれば簡単に答えられる問題ばかりなので、まずは自分の理解度を知るために受験してみよう。

合格できなかったら解説をよく読んで復習することが大切。公式テキストでじっくり勉強するのもおすすめだ。

身につくスキルと活かし方

インターネットを利用することで思わぬトラブルに巻き込まれたり、自分自身がトラブルを引き起こしたり、友だちとの人間関係を壊したりしないようにするにはどうしたらいいかという基本的なルールとマナーが習得できる。

検定試験や公式テキストを通して正しい知識を身につけることによって、友達にも自信をもってアドバイスできるようになる。有料ではあるが、合格証を発行してもらえば、ちょっとした自信にもなるはずだ。

取得までのプロセス

まずはこども版を受験してみよう。もし不合格でも、くり返し何度でも受験できる（問題は毎日変わる）。不合格が続くようなら、公式テキストを購入して勉強し、再びチャレンジ。余裕があれば、大人版やビジネス版も受けてみよう。

こども版受験（不合格なら再チャレンジ）→ こども版合格（何度受験してもOK）→ こども版再受験（余裕があれば）→ 大人版、ビジネス版を受験

資格データ

■受験できる年齢　制限なし
■試験の区分
こども版、大人版、ビジネス版
■試験の時期
いつでも受験できる
■主催
一般財団法人 インターネット協会
https://rm.iajapan.org/

一般の人からエンジニアまでを対象としたIT検定

情報検定（J《ジェイ》検）

民

情報リテラシーを評価する情報活用試験、IT《アイティー》を使った情報伝達・情報発信スキルなどを評価する情報デザイン試験、情報処理技術を評価する情報システム試験の3つからなる資格制度。

このうち、一般ユーザー向けの情報活用試験はIT分野への入門編として最も取り組みやすく、汎用性《はんようせい》も高い。3～1級がある。情報デザイン試験は、Webサイトなどで自己表現をしたい人、将来、顧客や消費者に情報発信する仕事に就《つ》きたい人などに最適。情報システム試験はシステムエンジニアやプログラマーなどをめざしている人向き。基本スキル、プログラミングスキル、システムデザインスキルの3科目がある。

こんな君におすすめ

将来、情報を発信する立場で仕事をしたい君におすすめ！

試験の傾向と対策

情報活用試験3級では、パソコンやインターネットの基本的な仕組み、ブラウザ（Webサイト閲覧《えつらん》ソフト）や電子メールの使用法、主なアプリケーションソフトの種類と目的、日々の生活とコンピュータの関わりなどが出題される。

基本的な内容が中心なので、公式テキストや問題集を使ってしっかり対策をしておけば、ITの学習経験があまりなくても十分合格はめざせる。J検のホームページにも過去問題が掲載されているのでチェックしておこう。

身につくスキルと活かし方

情報活用試験は一般のITユーザーとしての、情報システム試験はエンジニア志望者としての、情報デザイン試験は情報発信者としての基礎的な知識が身につく。

また、情報検定（J検）の各試験は、国家資格である情報処理技術者試験の各資格と連動性が高いのも大きな特徴。情報活用試験の内容はITパスポート試験（iパス《アイ》）を受験する準備になり、情報システム試験は基本情報技術者試験（FE《エフイー》）につながる基礎知識が得られる。

取得までのプロセス

ITを学ぶ目的によって受験プランは変わってくる。一般ユーザーとしてITを活用することが基本であれば、情報活用試験を3級から順番に受験。余裕があれば情報デザイン試験の初級、上級にチャレンジするのがいいだろう。

〈取得プラン例〉

情報活用3級合格 → 情報活用2級合格 → 情報活用1級合格 → 情報デザイン初級合格 → 情報デザイン上級合格

資格データ

■受験できる年齢　制限なし

■試験の区分

情報活用試験は3級、2級、1級

■試験の時期

随時

■主催

一般財団法人 職業教育・キャリア教育財団

http://jken.sgec.or.jp/

ＩＴ《アイティー》エンジニアにとっての登竜門

基本情報技術者試験（ＦＥ《エフイー》）

国

ＩＴエンジニアとして働くうえでの基礎となる知識を証明する国家資格。情報処理技術者試験の一区分。

試験では、ハードウェア、ソフトウェア、コンピュータシステムの構造、プログラミング、データベース、ネットワーク、情報セキュリティ、さらにプロジェクト管理や経営に関する知識などが幅広く出題される。

ＩＴ業界では広く浸透《しんとう》している資格で、受験者数は毎年10万人以上。新入社員に取得させる企業が多く、ＩＴエンジニアとなるための登竜門的資格に位置づけられている。ＩＴエンジニアをめざす高校生や大学生の受験も多い。

こんな君におすすめ

将来はシステムエンジニアとして働きたいと考えている君におすすめ！

試験の傾向と対策

情報処理技術者試験の中では実務経験がなくてもチャレンジしやすい内容ではあるので、参考書や問題集、資格対策講座などでしっかりと勉強を重ねれば高校生のうちに合格することも可能だ。

初めて学ぶ高校生にとってハードルとなるのがプログラムの知識が問われること。言語はC《シー》言語などの中から選択して受験するので、自分に合った言語をよく考えて選び、実際にプログラムを書くトレーニングを重ねよう。

身につくスキルと活かし方

コンピュータシステムはどのような構造を持っているのか、プログラムはなぜ動くのかといった基本が理解できるようになるので、その後のさまざまな技術習得もスムーズになる。また、プログラミングの基本が身につくので、簡単なプログラムなら組めるようになる。

IT分野では認知度が非常に高い資格なので、AO《エーオー》・推薦入試で優遇《ゆうぐう》措置《そち》の対象としている大学も多数。就職の際にも評価の対象とされることが多い。

取得までのプロセス

ITを初めて学ぶ高校生は、より取り組みやすいITパスポート試験から受験してみよう。試験範囲が重なる部分も多く、基本情報技術者試験にスムーズに接続できる。高校卒業後も上位の応用情報技術者試験をめざして勉強を続けよう。

勉強スタート（3カ月程度）
→ ITパスポート試験（3カ月程度）
→ 基本情報技術者試験（大学、専門学校などに進学）
→ 応用情報技術者試験

資格データ

■受験できる年齢　制限なし
■試験の区分
なし
■試験の時期
4月、10月
■主催
独立行政法人 情報処理推進機構
https://www.jitec.ipa.go.jp/

子どものプログラミング学習の到達度を測定

ジュニア・プログラミング検定（Scrach《スクラッチ》部門） 民

マサチューセッツ工科大学のグループが子どものプログラミング教育のために開発したスクラッチは、パソコンの画面上でブロックを組み合わせることによって簡単な物語やアニメ、ゲームなどを作成できるビジュアルプログラミング言語だ。ジュニア・プログラミング検定（Scrach部門）はスクラッチを使ったプログラミングスキルを測る子ども向けの検定試験。全国のプログラミングスクールやパソコン教室で随時《ずいじ》行われている。年齢制限はないので、プログラミング初心者の中高生も受験できる。

こんな君におすすめ

「プログラミング言語って難しそう…」と苦手意識がある君に！

資格データ

- ■受験できる年齢　制限なし
- ■試験の区分　Entry、Bronze、Silver、Gold
- ■試験の時期　随時
- ■主催　株式会社サーティファイ　https://www.sikaku.gr.jp/js/ks/

人気のプログラミング言語Java《ジャヴァ》を学ぶなら

Java™プログラミング能力認定試験 民

JavaはIT《アイティー》業界で広く使われているプログラミング言語。初めてプログラムを学ぶ人にとっては難易度が高いともいわれるが、それだけにJavaを使えるプログラマーへのニーズは高く、IT業界をめざすなら身につけておきたい言語の一つだ。

　Javaプログラミング能力認定試験は、そんなJavaの知識やプログラミングの技能を測る認定試験。3・2級は筆記試験のみ、1級は実際にプログラムを作成する実技試験。まずは3級を目標にJavaの基礎から学んでみよう。

class Hello{
int a=5
print(a);
J

こんな君におすすめ

ITエンジニア志望で、将来武器になる言語を身につけておきたい君に！

資格データ

- ■受験できる年齢　制限なし
- ■試験の区分　3級、2級、1級
- ■試験の時期　6月、9月、1月
- ■主催　株式会社サーティファイ　https://www.sikaku.gr.jp/js/jv/

ニーズが高まる情報セキュリティの基礎知識を証明

情報セキュリティマネジメント試験（SG《エスジー》）国

情報漏洩《ろうえい》やコンピュータウイルス、不正アクセスなどの危機から企業を守る情報セキュリティリーダーに求められる知識や能力を証明する国家資格。試験では、「情報セキュリティの考え方や管理方法」「具体的な各種対策」「サイバーセキュリティ基本法など関連する法律」「ネットワークやデータベースなど関連する技術」「企業経営」などの知識が幅広く問われる。情報処理技術者試験の中では比較的取り組みやすい資格の一つで、初心者でも半年程度参考書などで勉強すれば十分合格を狙える。

こんな君におすすめ

将来、情報セキュリティの知識を自分の強みにしたい君に！

資格データ

■受験できる年齢　制限なし
■試験の区分　なし
■試験の時期　4月、10月
■主催　独立行政法人 情報処理推進機構
https://www.jitec.ipa.go.jp/

すべての社会人に必要とされるITの基礎知識を証明

ITパスポート試験（i《アイ》パス）国

IT化された社会で働くために必要な基礎知識の証明となる資格試験。情報処理技術者試験の一区分だが、エンジニアに限らず、社会人全般を対象としている。試験は、「AI」「ビッグデータ」「IoT《アイオーティー》などの新しい技術の概要《がいよう》」「ソフトウェア」「ハードウェア」「ネットワーク」「データベース」「情報セキュリティなどのITの基礎」「プロジェクトマネジメントや経営戦略」などの分野から幅広く出題される。

多くの大学・短大がAO《エーオー》・推薦入試での優遇《ゆうぐう》措置《そち》、単位認定などの対象としているので高校生が取得する意味は大きい。

こんな君におすすめ

エンジニア志望とまではいかないが、何かIT系の資格がほしいなら

資格データ

■受験できる年齢　制限なし
■試験の区分　なし
■試験の時期　随時
■主催　独立行政法人 情報処理推進機構
https://www.jitec.ipa.go.jp/

資格
ほっと
タイム

世界遺産検定、販売士、CG《シージー》クリエイター検定など

大学のA《エ》O《オ》・推薦《すいせん》入試で評価の対象になる意外な資格とは？

加点の対象とされる資格・検定は数多い

高校生までに資格・検定を取得しておくことのメリットの一つが、大学・短大などの入試で優遇措置《ゆうぐうそち》を受けられること。AO・推薦入試で、特定の資格・検定を加点の対象としていたり、評価の参考にしていたりする大学・短大は非常に多い。

では、どんな資格・検定が優遇措置の対象になるのだろう。英検、TOEIC®テストなどの語学検定や実用数学技能検定（数検）、日本漢字能力検定（漢検）などはすぐに思い浮かぶところだ。しかし、それ以外にも優遇措置が受けられる資格・検定はたくさんある。

趣味系、ビジネス系のあの検定も実は対象

意外なところでは世界遺産検定。名称から趣味系の検定かと思いきや、歴史や地理の知識が問われる内容ということもあり、評価の対象としている大学・短大は多数。また、販売士検定は働く人対象というイメージでとらえられがちだが、マーケティングなどの基礎知識が身につくため入試で優遇されるケースは多い。CGクリエイター検定もデジタルアート系の学科に限らず優遇される例がある。検定試験の公式サイトで優遇措置を実施している大学・短大一覧が紹介されていることも多いので、一度チェックしてみよう。

8章

興味が広がるおもしろ資格

「日本のこころ」を改めて学んでみよう

神社検定（神道文化検定）

民

神社や神道に関する正しい知識を測る神社本庁監修の検定試験。参級、弐級、壱級がある。

試験では、鳥居や社殿などの種類、正式な参拝方法、伊勢神宮、全国のさまざまな神社の由来、古事記や日本書紀などの神話、お祭りなどの問題が出題される。毎回、級ごとに数種類の公式テキストや季刊誌『皇室』のどこから出題するか指定されるのが特色で、試験範囲は毎回変わる。そのため、一度壱級まで合格しても、くり返し受験する人が多い。神社好きなら、検定を通して知識を深めることで、参拝時の意識も変わってくるはず。外国人観光客などをガイドするときにも役に立つ。

資格データ

■受験できる年齢　制限なし

■試験の区分

参級、弐級、壱級

■試験の時期

6月

■主催

公益財団法人 日本文化興隆財団

https://www.jinjakentei.jp/

こんな君におすすめ

「実は神社好き。正しい知識を身につけて参拝したい」という君に！

天気検定 民

理系の知識だけでなく、文系の知識も問われる

誰にとっても身近な天気について、基礎から応用までの知識を問う検定試験。4~1級のほか、正しい天気図作成のスキルを認定する天気図作成級がある。4級は、空、雨、雪、天気図の読み方などの基本を出題。3級は、高気圧・低気圧・前線などの意味、観測方法の種類、日本の四季を出題。2級は、熱力学、光学現象などを含む気象の原理、竜巻やゲリラ豪雨、気候変動、産業・経済と天気の関わりなどを出題。1級は2~4級の知識を総合して自分なりの思考を展開できる力が問われる。取得すれば、日々の天気を判断する力はもちろん、環境や防災への意識も高まるはず。理科が得意になるというメリットも。

資格データ

■受験できる年齢　制限なし

■試験の区分

天気図作成級、4級、3級、2級、1級

■試験の時期

6月、12月

■主催

特定非営利活動法人 天気検定協会

http://www.tenki-k.com/

こんな君におすすめ

気象予報士に興味があるけど難しそう…という君におすすめ！

美術検定®

民

歴史的な美術作品を「鑑賞《かんしょう》する」力を測る

美術を鑑賞し、作品から得た感動を人に伝えるために必要な知識を測る検定試験。作品を創《つく》る側ではなく、楽しむ側を対象としており、作者の意思を感じ取ったり、背景にある歴史をひもといたりする力が問われる。4～1級があり、4級は、中学レベルの歴史教科書にも出てくる西洋美術・日本美術の代表的な作品や作家などが出題されるので、初心者にも取り組みやすい。級が上がるほど、作品の歴史的背景や美術鑑賞に関する専門的知識が問われるようになる。4～2級はマークシート方式。

美術を楽しむ力が養《やしな》われるほか、上位級を取得すれば、将来、作品と社会をつなぐアート関連の仕事に就《つ》く足がかりにもなる。

資格データ

■受験できる年齢　制限なし

■試験の区分

4級、3級、2級、1級

■試験の時期

11月、4級CBT《シービーティー》は随時

■主催

一般社団法人 美術検定協会

http://www.bijutsukentei.jp/

こんな君におすすめ

美術に興味はあるけど知識があまりなくて…
という君におすすめ！

野球知識検定 民

試験会場でプロ野球OB《オービー》に会える！

日本のプロ野球、アメリカのプロ野球、から高校野球、小学・中学野球、マスターズリーグに至るまで、野球に関する幅広いカテゴリーから、ルール・記録・歴史・エピソードを中心に出題する、野球好きのための検定試験。例えば、「プロ野球で最多勝利記録を持っているのは誰か」「第1回ドラフト会議が行われたのは何年か」といった問題が出題される。

試験会場では、プロ野球OBが検定官を担当。検定試験終了後には、毎回トークショーなどのイベントを開催され、プロ野球OBと交流できるのも魅力《みりょく》だ。

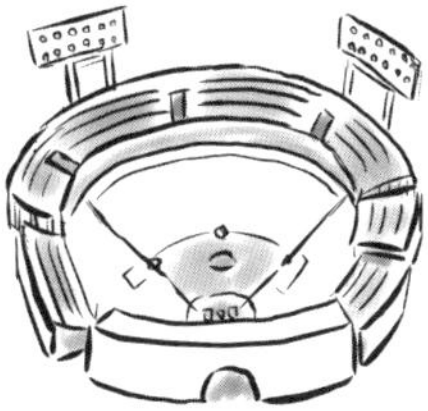

こんな君におすすめ

高校野球やプロ野球が大好きで、知識には自信があるという君に！

資格データ

- 受験できる年齢　制限なし
- 試験の区分　6～1級
- 試験の時期　6月、12月
- 主催　株式会社マスターズリーグ　http://www.89kentei.com/

スポーツイベント検定 民

社会貢献《こうけん》のためのスポーツイベントを学ぶ

スポーツイベントを通した地域活性化などの動きは年々広がりを見せており、スポーツイベントを企画・運営できる人材へのニーズも高まっている。スポーツイベント検定はそんな人材を育てる目的でスタートした検定試験。試験ではスポーツイベントのブランディング、プランニング、プロジェクトマネジメント、人材育成など、ビジネスとしてスポーツイベントに関わるための力が幅広く問われる。将来、地域をスポーツで活性化したいと思っている10代が将来の仕事のイメージをつかむのにも最適だ。

こんな君におすすめ

地元が大好き、スポーツが大好きという君はチャレンジしてみては？

資格データ

- 受験できる年齢　制限なし
- 試験の区分　なし
- 試験の時期　7月
- 主催　一般社団法人　日本イベント産業振興協会　http://jace-kentei.jp/sports/

銭湯検定 民

歴史、建築様式…実は奥深い銭湯の世界

銭湯の歴史や建築様式、雑学についての知識を問う銭湯好きのための検定試験。現在は4～2級の試験が実施されている。

4級は4～9月頃の5カ月間にオンラインでいつでも受験できる。主に公式テキストから出題されるが、わからない問題は書籍やインターネットで調べて回答してもOK《オーケー》なので、銭湯についてあまり詳《くわ》しくなくても、ほぼ合格できる。3級以上は年1回、試験会場で実施。3級は例年10月頃開催される。

普段は何気なく利用している銭湯の奥深さを知ることで、楽しみ方も変わってくるはず。気軽にチャレンジしてみよう。

こんな君におすすめ

「実は銭湯巡《めぐ》りが趣味」という君にぜひ受けてほしい検定試験

資格データ

- ■受験できる年齢　制限なし
- ■試験の区分　4～2級
- ■試験の時期　4級は4～9月頃
- ■主催　社団法人 日本銭湯文化協会 http://sento.or.jp/

温泉ソムリエ 民

芸能人も多数取得している温泉の資格

美容と健康のために温泉にもっと詳しくなりたいという人のための資格。

全国各地で開催される半日程度の温泉ソムリエ認定セミナー、新潟県赤倉温泉での1泊2日の温泉ソムリエ認定ツアー、通信教育の温泉ソムリエ認定講座のいずれかを受講して、修了すれば取得できる。講座の内容は、温泉分析書の読み方、各泉《せん》質《しつ》の特徴、正しい入浴法など。温泉について詳しくない人でも楽しみながら学べる基本的な内容だ。ステップアップセミナーの受講で、温泉ソムリエマスターなどの上位資格を得ることもできる。

こんな君におすすめ

どうせ温泉を楽しむなら、泉質や効能に詳しくなりたいという君に！

資格データ

- ■受講できる年齢　制限なし
- ■認定の区分　各種上位資格あり
- ■講習の時期　随時
- ■主催　温泉ソムリエ協会 http://onsen-s.com/

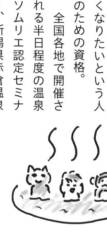

あなたは正しい掃除《そうじ》ができている？

掃除能力検定 民

日常的な家庭や職場、学校での掃除から職業としての掃除スキルまでを問う検定試験。5～1級がある。

5級は、「戸建て住宅やマンションなどの私的空間の掃除」について問われる。4級は、「オフィス、飲食店、理美容院、医科・歯科医院など商業エリアの掃除」がテーマ。3級は、4級の内容に関してオーナーや責任者が身につけておくべき知識を問う。2級はハウスクリーニングなどで独立したい人などが対象。1級は事前講習と実技試験でより高度な掃除能力が問われる。

10代なら5級を取得すれば自宅の掃除はバッチリ。4級を種遠くすればアルバイトの際などに役立つはずだ。

資格データ

■受験できる年齢　制限なし

■試験の区分

5級、4級、3級、2級、1級

■試験の時期

ほぼ毎月

■主催

一般社団法人 日本掃除能力検定協会

http://www.soujikentei.or.jp/

こんな君におすすめ

実は掃除が得意なことを自分のアピール材料にしたい君におすすめ！

ねこ検定

民

空前のねこブームの中、注目の検定試験

ねこの気持ちを理解したい、ねこともっと仲よくなりたいというねこ好きのための検定試験。初級、中級、上級がある。例えば、初級では「ねこに食べさせてはいけない食べ物は何か？」「ねこが触られると嫌《いや》な場所は？」といった問題が出題される。上級になると、「猫の感染症でワクチンがないものはどれ？」「猫が身の危険を回避《かいひ》するため、逃亡準備に必要な距離は？」といったハイレベルな出題も。

この検定でねこに関する正しい知識を身につければ、ねこにストレスを与えることなく一緒に過ごせるようになり、一生責任を持って飼《か》うことができるようになる。

資格データ

■受験できる年齢　制限なし

■試験の区分
初級、中級、上級

■試験の時期
3月

■主催
ねこ検定実行委員会
https://www.kentei-uketsuke.com/neko/

こんな君におすすめ

ねこを飼いたい、あるいはもう飼っているという君はぜひ受験を！

愛犬家同士のコミュニケーションにも活かせる

ドッグ検定

民

犬の種類・歴史、犬が関係する事件やニュース、法律、ことわざなど、幅広い知識や雑学を問う検定試験。2級と1級がある。資格取得は随時可能。一般社団法人 日本ペット技能検定協会のホームページから2級の受験を申し込むと、テキストと模擬試験問題、本試験問題が送られてくる。自宅でテキストをしっかりと勉強し、模擬試験を受けたうえで、これも自宅で本試験問題を解答。答案を検定事務局に郵送するという流れだ。1級を受験するには2級合格が条件となる。

学んだ知識は飼い犬の健康管理やしつけに役立つほか、愛犬家同士のコミュニケーションにも活きてくる。

資格データ

■受験できる年齢　制限なし

■試験の区分

2級、1級

■試験の時期

随時

■主催

一般社団法人

日本ペット技能検定協会

https://kentei.j-pet.com/

こんな君におすすめ

犬の知識なら誰にも負けない！という君はぜひともチャレンジを

年齢を問わず受験できる日本唯一の自動車知識検定

くるまマイスター検定

民

子どもから大人まで幅広い層に「くるまのある生活」を楽しんでもらうことを目的に実施されている日本で唯一の自動車知識検定試験。試験は、中学生以下を対象としたジュニア、無料で受験できる入門レベルのWeb《ウェブ》級、日常の運転に役立つ知識が身につく4級、車についての基本的な知識を問う3級、車種や形式などの知識も問われる2級、車の歴史から最新のトピックまで総合的な知識が問われる1級がある。

ジュニア以外も、もちろん免許がない10代でも受験できる。自信がある人は3級から受験しても大丈夫。上位級に合格すれば、車好きのマニア心を満足させてくれるはずだ。

資格データ

■受験できる年齢　制限なし

■試験の区分
ジュニア、Web 級、4 級、3 級、
2 級、1 級

■試験の時期
6 月、11 月

■主催
一般社団法人
日本マイスター検定協会
https://www.meister-kentei.jp/car/

こんな君におすすめ

将来、どんな自動車に乗るか考えているだけでも楽しい！という君に

旅行地理検定

日本や世界の観光地に思いを馳《は》せて受験してみよう

民

旅行・観光をテーマにした地理の検定試験。「国内旅行地理検定」と「海外旅行地理検定」の2種類があり、それぞれ4～1級が設けられている。国内・海外ともに、自然景観や都市、温泉、観光地・施設、写真などについて出題。ツアーパンフレットなどで目にする旅行の日程表の穴埋《う》め問題、観光地の写真を見て国名を当てる問題など、旅行好きなら楽しみながら受験できる。

学んだ知識は、自分自身の旅行先選びにも、旅行を充実させるのにも活きてくる。上位級を取得すれば仕事で旅行案内業務ができるレベルの知識が身につくので、国家資格である総合・国内旅行業務取扱管理者試験受験へのステップにもなる。

資格データ

■受験できる年齢　制限なし

■試験の区分

国内・海外それぞれ４～１級

■試験の時期

6月、12月

■主催

旅行地理検定協会

https://www.chirikentei.jp/

こんな君におすすめ

旅好きで、いつも旅番組や旅行パンフレットを見て楽しんでいる君に！

きのこ検定

実はファンが多い、きのこの奥深い世界に迫る

民

　世界中で14万種類もあるといわれているきのこ。食材として親しまれていることに加え、未解明の謎《なぞ》が多いこと、独特の形状などもあって実は「きのこファン」は少なくない。そんなきのこのマニアックな知識を問うのがきのこ検定だ。

　4～1級があり、試験では、きのこの生物学的特徴から、食材としての特徴、きのこにまつわる歴史・文化などを多角的に出題。さまざまなきのこが写真入りで解説されていて、きのこ料理のレシピなども掲載されている公式テキストで楽しみながら勉強すればビギナー級の4級合格は難しくない。身につけた知識はきのこ狩りを楽しむ際にも大いに役立つ。

資格データ

■受験できる年齢　制限なし

■試験の区分

4級、3級、2級、1級

■試験の時期

10月

■主催

きのこ検定運営委員会

https://www.kentei-uketsuke.com/kinoko/

こんな君におすすめ

前からきのこの形がかわいいと思っていたという君におすすめ！

チョコレート検定 民

奥深いチョコレートの世界をもっと楽しむために

食品メーカーの明治が実施する、カカオやチョコレートに関する知識を測る検定試験。チョコレートスペシャリスト（初級）は、自分自身でチョコレートを楽しむために役立つ知識が身につく。平均合格率は95％なので、公式テキストで楽しみながら勉強すれば誰でも合格をめざせる。チョコレートエキスパート（中級）は、周囲の人たちにチョコレートの魅力《みりょく》を発信できるレベル。チョコレート好きの頂点ともいえるチョコレートプロフェッショナル（上級）は一気に難易度がアップ。平均合格率が11・5％という難関だ。

こんな君におすすめ

三度の食事よりチョコレートが好き！という君はぜひ受験を

資格データ

■受験できる年齢　制限なし
■試験の区分　初級、中級、上級
■試験の時期　9月
■主催　株式会社 明治
https://www.kentei-uketsuke.com/chocolate/

お好み焼き検定 民

おいしいお好み焼きの焼き方を知っている？

お好み焼きにまつわる文化や歴史、おいしい作り方など、お好み焼きに関する雑学を問う検定試験。

試験は初級と上級の2種類。初級に合格すると上級を受験することができる。受験の申し込みをするとダウンロードできる検定要点集をしっかり勉強しておけば初級合格は難しくない。

「焼き順の法則は、裏2分・表5分・裏3分」「押さえない、何度もひっくり返さない、叩《たた》かない」など焼き方の基本が身につくので、お好み焼きをよりおいしく楽しむことができるようになる。

こんな君におすすめ

お好み焼き奉行《ぶぎょう》を自負する君は、ぜひ受けておきたい検定試験だ！

資格データ

■受験できる年齢　制限なし
■試験の区分　初級、上級
■試験の時期　11月
■主催　にっぽんお好み焼き協会
http://www.okonomiyaki-kentei.jp/

境港妖怪検定

妖怪伝承《でんしょう》を通して日本の文化・歴史を探究《たんきゅう》

民

妖怪の権威《けんい》である漫画家の水木しげるが生まれた鳥取県境港は、妖怪ブロンズ像が並ぶ「水木しげるロード」で有名な観光地。境港妖怪検定はその境港のご当地検定だ。試験は境港市と、これも水木しげるが暮らしていたゆかりの地である東京都調布市で実施。初級・中級・上級があり、ぬらりひょん、子泣き爺《じじい》、砂かけ婆《ばばあ》など『ゲゲゲの鬼太郎』でおなじみの妖怪はもちろん、全国各地に伝わる妖怪について幅広く出題される。初級は妖怪初心者でも取り組みやすいが、中級から一気に難易度が上がり、マニアにも歯ごたえのある内容になっている。妖怪伝承を通して日本の文化や歴史をより深く学ぶことができる検定試験だ。

資格データ

■受験できる年齢　制限なし

■試験の区分

初級、中級、上級

■試験の時期

10月

■主催

境港商工会議所、境港市観光協会

https://youkai-kentei.com/

こんな君におすすめ

『ゲゲゲの鬼太郎』ファンで妖怪の世界に興味があるという君に！

エンターテインメント性抜群のご当地検定

甲賀流忍者検定

民

「伊賀流」と並ぶ忍者の二大流派の一つ「甲賀流」の里である滋賀県甲賀市で開催されているご当地検定。

初級、中級、上級があり、初級の試験は公式テキストである『忍者検定 読み本』から出題。忍者・忍術に関する知識や忍者の歴史的背景などの知識が問われるが、初級は読み本を勉強しておけば忍者初心者でも合格できる。初級は筆記試験だけで終わりではなく、吹き矢・手裏剣体験、忍者コスプレによる実技加点もあるのがユニーク。試験当日には会場に忍者姿の人が集まり（衣装の貸し出しもあり）、歴史学者の講演や忍者グッズの販売もあり、ご当地イベントとしても楽しむことができる。

資格データ

■受験できる年齢　制限なし

■試験の区分

初級、中級、上級

■試験の時期

6月

■主催

甲賀忍術研究会

http://koka-kanko.org/introduce/kokaryu-ninjyakentei/

こんな君におすすめ

忍者の世界に興味があるという君は甲賀市に受験に行ってみよう！

無人航空従事者試験（ドローン検定）

民

ドローンを操縦《そうじゅう》するなら受けておきたい！

ドローンは映像の撮影だけでなく、農業や輸送、災害対策など幅広い分野で活用が進んでいる。一方で、事故や事件が問題になることも多くなり、ドローンを扱う人たちが正しい知識や操縦技術を身につけることが求められている。そこで生まれたのが無人航空従事者検定（ドローン検定）だ。

試験は4〜1級。用語や機体の構造、無線工学、物理学、気象、関連法規などの知識を問う内容で実技試験はない。取得すれば、国土交通省への許可承認申請時に操縦者の資格について証明書として添付できるほか、国交省認定の基礎技能講習を受講する際に座学《ざがく》1が免除されるというメリットがある。

資格データ

■受験できる年齢　制限なし

■試験の区分

4級、3級、2級、1級

■試験の時期

奇数月

■主催

株式会社 ドローン検定協会

https://drone-kentei.com/

こんな君におすすめ

ドローンを買って操縦してみたい！と考えている君におすすめ

A～Z

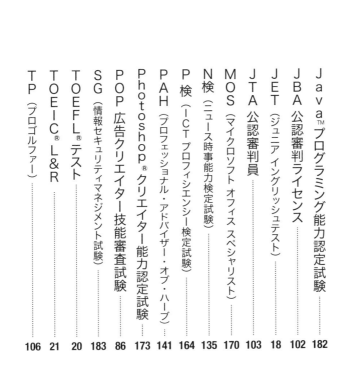

さ

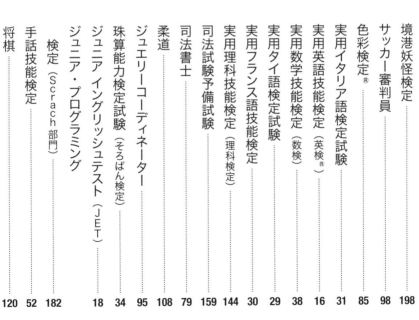

た

えっと…「有名な」だね
「famous」の意味は？
英検

資格MEMO《メモ》

気になる資格や書き留《と》めておきたいことをメモしておこう！

●カバーデザイン
TYPE FACE（渡邉民人）

●カバー帯・本文イラスト
タナカケンイチロウ

●本文デザイン
鷹觜麻衣子

●執筆協力
伊藤敬太郎

●編集協力
株式会社 童夢

●校閲
夢の本棚社

10代のための資格・検定

2020年4月30日　初版発行

編者　大泉書店編集部
発行者　鈴木伸也
発行所　株式会社大泉書店
〒101-0048 東京都千代田区神田司町2-9 セントラル千代田4階
電話　03-5577-4290（代表）
FAX　03-5577-4296
振替　00140-7-1742
URL　http://www.oizumishoten.co.jp
印刷所　ラン印刷社
製本所　明光社

ISBN978-4-278-08414-6